Belgisch Design Belge

Belgian Design

4	Introduction Inleiding Introduction	120	Le Signe d'Or Het Gouden Kenteken The Golden Signet
6	Marcel-Louis Baugniet	122	ACEC & Nova
12	Renaat Braem	128	Meurop
18	Charles Catteau	136	Prodata Systems
24	Nathalie Dewez		
30	Fonctionnalisme social en Belgique Sociaal Functionalisme in België Social Functionalism in Belgium	140	Le Design Centre Het Design Centre The Design Centre
		142	40p
32	Jacques Dupuis	146	Ove
40	Christophe Gevers		
46	Alain Gilles	150	Crédits Fotoveraltwoording Credits
52	Alfred Hendrickx		
58	Exposition internationale des Arts décoratifs et industriels modernes Internationale Tentoonstelling van Moderne Decoratieve en Industriële Kunst International Exhibition of Modern Decorative and Industrial Arts	151	Bibliographie Bibliografie Bibliography
60	Huib Hoste		
66	Xavier Lust		
72	Muller Van Severen		
78	Gustave Serrurier-Bovy		
84	Léon Stynen		
90	Modernisme ludique Speels Modernisme Ludic Modernism		
92	Willy Van Der Meeren		
98	Maarten Van Severen		
104	Jules Wabbes		
114	Sylvain Willenz		

INTRODUCTION
INLEIDING
INTRODUCTION

FR

Comment raconter le design aujourd'hui, en considérant les objets non seulement dans leur matérialité mais aussi dans la manière dont ils façonnent notre environnement (im)matériel, nos interactions sociales et notre perception visuelle ? Comment raconter un design à vivre et à voir ? Comment parler au 21ᵉ siècle de l'histoire du design en Belgique en tenant compte des réalités actuelles de l'institution muséale, des spécificités du Design Museum Brussels – en dialogue avec les autres collections de design en Belgique – et des attentes du public ?

C'est avec ces interrogations que la proposition Belgisch Design Belge et la présente publication souhaitent initier la réflexion. Envisagée et pensée comme un laboratoire, prémice d'une exposition permanente, Belgisch Design Belge tente de donner forme à ces questions. À l'heure où les musées favorisent de plus grandes interactions avec leurs publics, il nous a semblé nécessaire de réfléchir à une première forme de pérennisation d'un projet qui a quasiment vu le jour avec la création du musée et a mûri au fil d'initiatives temporaires, tels l'exposition et le livre *Panorama. A History of Modern Design in Belgium* (2017).

Cette publication traduit les ambitions de la première édition d'un cycle de propositions expérimentales qui se succèderont dans le temps. Les sélections de pièces souvent subjectives mais jamais exhaustives se veulent représentatives du design en Belgique. Des pièces d'époques, de matériaux, de statuts et de natures différents tisseront côte à côte une histoire du design en Belgique. Au détour d'associations sinon surprenantes, bien souvent inattendues, *Belgisch Design Belge* se veut un laboratoire suscitant des dialogues entre les pièces pour mieux en révéler la singularité et le caractère innovant.

Des objets de la collection de design plastique, la spécificité du Design Museum Brussels, dialoguent avec d'autres pièces de design moderne et contemporain. Appréhendant le fonctionnement d'un musée aujourd'hui, ses modes d'acquisition, de conservation, de recherche, d'exposition et de médiation, *Belgisch Design Belge* envisage une narration innovante du design en Belgique dont cet ouvrage constitue le manifeste et la première trace.

NL

Hoe vertel je vandaag over design, terwijl je de objecten niet enkel in hun materialiteit beschouwt maar ook in de manier waarop ze onze (im)materiële omgeving, onze sociale interacties en onze visuele perceptie vormgeven? Hoe vertel je over een design dat je beleeft en bekijkt? Hoe vertel je in de 21ste eeuw de geschiedenis van het design in België, rekening houdend met de huidige realiteit van het museale instituut, met het specifieke karakter van het Design Museum Brussels – een museum in dialoog met de andere designcollecties in België – en met de verwachtingen van het publiek?

Met deze vragen willen het initiatief *Belgisch Design Belge* en deze publicatie een reflectie op gang brengen. Opgevat als een laboratorium, de aanzet tot een permanente tentoonstelling, tracht *Belgisch Design Belge* deze vragen te belichten. Nu de musea meer en meer inzetten op een grotere interactie met hun publiek, lijkt het ons nodig na te denken over een manier om een blijvend karakter te geven aan een project dat zo goed als gelijktijdig met de creatie van het museum werd opgestart en rijpte tijdens tijdelijke initiatieven, zoals de tentoonstelling en de publicatie *Panorama. A History of Modern Design in Belgium* (2017).

Deze publicatie vertaalt de ambities van de eerste editie van een cyclus van opeenvolgende experimentele voorstellen. De soms subjectieve selecties van stukken beogen niet compleet te zijn, maar wel representatief voor het design in België. Stukken waarvan de periodes, de materialen, de status en de typologie verschillen, zullen zij aan zij een geschiedenis van het design in België vertellen. Via vaak onverwachte associaties wil *Belgisch Design Belge* een laboratorium zijn dat een dialoog creëert tussen stukken om zo hun bijzondere of vernieuwende karakter in de kijker te zetten.

Objecten uit de collectie van plastic design, de specificiteit van het Design Museum Brussels, gaan in dialoog met andere stukken uit het modern en hedendaags design. Met oog voor de werking van een museum van vandaag – de methodes van verwerving, conservering, research, tentoonstelling en publiekswerking – streeft *Belgisch Design Belge* naar een vernieuwende vertelling van het design in België, waarvan dit werk het manifest en het eerste spoor vormt.

EN

How can we tell the story of design today, considering objects not only in their materiality but also in the way they shape our material or immaterial environment, our social interactions and our visual perception? How can we describe a design intended to be experienced and seen? How can we talk about the history of design in Belgium in the 21st century, considering the current realities of the museum institution, the specificities of the Design Museum Brussels – a museum in dialogue with other design collections in Belgium – and the expectations of the public?

It is with these questions in mind that the *Belgisch Design Belge* proposal and this publication intend to initiate reflection. Envisioned and thought out as a laboratory, the first steps towards a permanent exhibition, *Belgisch Design Belge* attempts to give form to these questions. At a time when museums are encouraging greater interaction with their audiences, we felt it was necessary to reflect on a first form of perpetuation of a project that was almost born with the creation of the museum and has matured through temporary initiatives, such as the exhibition and the publication *Panorama. A History of Modern Design in Belgium* (2017).

This publication reflects the ambitions of the first edition of a cycle of experimental proposals that will follow one another over time. The selections of pieces, whilst subjective but never exhaustive, are intended to be representative of design in Belgium. Pieces from different times, materials, statuses and natures will weave together a history of design in Belgium. Through associations that are sometimes surprising, often unexpected, *Belgisch Design Belge* strives to be a laboratory that encourages dialogue between the pieces to better reveal their originality and innovative character.

Objects from the collection of plastic design, the specificity of the Design Museum Brussels, communicate with other pieces of modern and contemporary design. By looking at how a museum functions today, its modes of acquisition, conservation, research, exhibition and mediation, *Belgisch Design Belge* envisages an innovative narrative of design in Belgium, of which this book constitutes the manifesto and the first trace.

LAMPE SUR PIED / VLOERLAMP / FLOOR LAMP
LAITON, MÉTAL LAQUÉ / MESSING, GELAKT METAAL / BRASS, LACQUERED METAL
CA 1950

FR

Marcel-Louis Baugniet est designer, artiste, critique d'art et philosophe. Né à Liège, il étudie la peinture à partir de 1919 à l'Académie des Beaux-Arts de Bruxelles. Peintre constructiviste, il réalise des affiches, des décors et des costumes avant de se lancer dans la conception de mobilier. Entre 1922 et 1928, il participe à la revue moderniste *7 Arts* où il promeut l'abstraction géométrique en Belgique. Le vocabulaire issu de cette «Plastique pure» se retrouve dans le mobilier.

En 1927, il ouvre la maison d'édition de mobilier L'Intérieur Moderne avec l'architecte Ewaud Van Tonderen. Trois ans plus tard, il fonde sa propre entreprise de design d'intérieur, Baugniet et Cie, qui sera active jusque dans les années 1970. En 1937, il présente sa collection Standax à Paris. Alors que son intention est de proposer des meubles modernes de haute qualité, produits en série à un prix abordable, ce «mobilier social» juxtaposable n'atteint toutefois pas le public ciblé et continue à toucher principalement une certaine élite. Au lendemain de la Seconde Guerre mondiale, la reconstruction fait naître la nécessité de repenser l'habitat avec du mobilier standardisé, modulable et fabriqué en série. Partisan d'un «meuble social», Marcel-Louis Baugniet cherche à combiner qualité et prix accessible par le biais de la standardisation et de la simplicité.

En 1950 se crée le groupe Formes Nouvelles dont Baugniet fait partie. L'objectif des membres est de penser l'habitat social par le biais de l'architecture et de l'aménagement intérieur. À l'exposition *Logis 50*, le groupe propose des objets abordables produits en série. Marcel-Louis Baugniet privilégiera et alternera l'utilisation de bois et de métal dans toute sa production. Pour lui, la simplicité et la perfection sont nécessaires pour vivre en harmonie.

[2]

[3]

[fig.2]	Marcel-Louis Baugniet
[fig.3]	Projet de salon avec feu ouvert/project van een woonkamer met open haard/project of a living room with fireplace (1946)
[fig.4]	Projet de salon-salle à manger avec feu ouvert/project van een woonkamer-eetkamer met open haard/project of a living-room – dining room with fireplace (1954)
[fig.5]	Bureau tubulaire chromé en bois et verre & fauteuil tubulaire chromé et cuir/ buisbureau chroom, hout en glas & buisstoel chroom en leer/desk in chromed tube, wood and glass & armchair in chromed tube and leather (1929)

NL

Marcel-Louis Baugniet is een designer, kunstenaar, kunstcriticus en filosoof die in Luik is geboren. In 1919 vat hij studies schilderkunst aan in de Academie voor Schone Kunsten van Brussel. Hij wordt constructivistisch schilder en ontwerpt ook affiches, decors en kostuums alvorens zich te gaan wijden aan het ontwerp van meubilair. Tussen 1922 en 1928 werkt hij mee aan het modernistische tijdschrift *7 Arts* waar hij de geometrische abstractie in België promoot. Het vocabularium dat uit deze *"Plastique pure"* (zuivere beelding) voortkomt, vindt men terug in zijn meubilair.

In 1927 opent hij meubeluitgeverij *L'Intérieur Moderne* met de architect Ewaud Van Tonderen. Drie jaar later richt hij zijn eigen interieurbedrijf op, Baugniet et Cie, dat actief zal zijn tot in de jaren 1970. In 1937 stelt hij zijn collectie Standax voor in Parijs. Terwijl het zijn bedoeling is hoogwaardige, in serie gemaakte meubelen aan te bieden tegen een betaalbare prijs, komt dit "sociale", demonteerbare en stapelbare meubilair veeleer bij de elite terecht dan bij het gewenste doelpubliek. Kort na de Tweede Wereldoorlog noopt de wederopbouw tot een nieuwe kijk op het wonen met gestandaardiseerd, moduleerbaar en in serie geproduceerd meubilair. Als voorstander van een zogenaamde "sociaal meubel", streeft Marcel-Louis Baugniet naar een combinatie van kwaliteit en een betaalbare prijs via standaardisering en eenvoud.

In 1950 wordt de groep *Formes Nouvelles* opgericht waar hij deel van uitmaakt. Het doel is een sociale woningbouw uit te denken via architectuur en interieurontwerp. Op de tentoonstelling *Logis 50* stelt de groep dan ook betaalbare, in serie geproduceerde objecten voor. Voor Marcel-Louis Baugniet, die in zijn productie afwisselend met hout en metaal werkt, zijn eenvoud en perfectie onontbeerlijk om in harmonie te leven.

[4]

[5]

EN

Marcel-Louis Baugniet is a designer, artist, art critic and philosopher born in Liège. From 1919 he studies painting at the Academy of Fine Arts in Brussels. As a constructivist painter, he creates posters, decorations and costumes before moving into furniture design. Between 1922 and 1928, he takes part in the modernist review *7 Arts* where he promotes geometric abstraction in Belgium. The vocabulary derived from this *"Plastique pure"* (pure plastic arts) is found back in the furniture.

In 1927, he opens the furniture publishing house *L'Intérieur Moderne* with the architect Ewaud Van Tonderen. Three years later, he establishes his own interior design company Baugniet et Cie, which will be active until the 1970s. In 1937, he presents his Standax collection in Paris. Whilst his intention is to offer high-quality modern, mass-produced furniture at an affordable price, this juxtaposable "social furniture" does not reach its target audience and continues to appeal mainly to the elite. After the Second World War, the reconstruction gives rise to the need of rethinking the home with standardised, modular and mass-produced furniture. As a proponent of a "social furniture", Marcel-Louis Baugniet seeks to combine quality and affordable price through standardisation and simplicity.

In 1950, the *Formes Nouvelles* group is created of which he's a member. Its aim is to consider social housing through architecture and interior design. At the *Logis 50* exhibition, the group offers affordable mass-produced objects. For Marcel-Louis Baugniet, who favours and alternates the use of wood and metal in his production, simplicity and perfection are necessary to live in harmony.

HAENTJENS
CHAISE / STOEL / CHAIR
LAITON, CHÊNE, BOIS DE PALMIER / MESSING, EIK, PALMHOUT / BRASS, OAK, PALM WOOD
1952

FR

Renaat Braem est architecte, urbaniste et designer. Né à Anvers, il est diplômé en architecture de l'Académie des Beaux-Arts d'Anvers en 1935. Il y enseignera de 1947 à 1975. Après avoir effectué un stage auprès du Corbusier (1887-1965), il devient membre des Congrès Internationaux d'Architecture Moderne (CIAM) en 1939. Figure importante dans l'étude de l'architecture en Belgique, Renaat Braem a aussi écrit de nombreux articles et essais sur l'urbanisme.

Auteur de plusieurs projets publics et privés, il a entre autres réalisé: la tour de police De Oudaan (1958-1967) et le pavillon d'exposition du parc de Middelheim (1971) tous deux à Anvers; sa propre habitation à Deurne (1958) ainsi que le Glaverbel Building (1963-1967) et le rectorat de la VUB [fig.8], l'un et l'autre à Bruxelles. Entre 1949 et 1958, l'architecte collabore à la conception de treize appartements-témoins au sein du complexe de logements sociaux de Kiel à Anvers [fig.9].

Au même moment a lieu l'exposition *Le nouvel habitat* organisée par Formes Nouvelles, le groupe avant-gardiste de designers, d'artistes et de philosophes. Ces appartements modèles sont ouverts au public en 1953, avec comme objectif la diffusion d'une nouvelle image de l'habitat moderne. Leur aménagement intérieur est confié à Emiel Veranneman (1924-2003) et Willy Van Der Meeren (p.92). Au cours de sa carrière, la réflexion de Renaat Braem intègre davantage la nature et lui fait appréhender ses bâtiments comme des organismes naturels à la structure biomorphe.

Pour ce qui est du design, la première réalisation de Braem est un meuble radio présenté à l'Exposition universelle d'Anvers en 1930. Lors d'un concours organisé par la société Philips en 1938, il présente du mobilier dans lequel on perçoit les premières traces du biomorphisme qui, plus tard, occupe une place importante dans son œuvre et ce en particulier à partir des années 1960. C'est une période pendant laquelle il se détourne du modernisme et du fonctionnalisme pour s'investir jusqu'à la fin de sa carrière dans une grammaire plus organique.

À l'exception de la chaise *Haentjens* [fig.6], le mobilier conçu par Renaat Braem est rare et généralement produit dans le cadre d'expositions. En 1952, il crée l'aménagement intérieur du showroom de la firme Haentjens, entreprise anversoise spécialisée dans les matériaux de construction. Braem conçoit pour cet espace aéré et ouvert des chaises à l'aspect biomorphe dont la forme élancée des pieds s'apparente à celle des jambes de ballerine sur pointes avec un dossier laissant imaginer le buste de celle-ci. Outre des étagères, l'ensemble se compose également d'une table aux pieds évoquant les pattes d'un insecte.

[7]

[8]

[fig.7] Renaat Braem
[fig.8] Rectorat/rectoraat/
        rectorate, Braem & Brare
        (VUB, 1971)
[fig.9] Esquisse/schets/sketch
        (projet/project/project
        Kiel, 1949)
[fig.10] La Ville Linéaire/Lijnstad/
        Linear City, intérieur
        d'un appartement/
        binnenruimte van een
        appartement/interior
        of an apartement (1934)

NL

Renaat Braem is een architect, stedenbouwkundige en designer die in Antwerpen is geboren. Hij behaalt in 1935 een architectuurdiploma aan de Academie voor Schone Kunsten van Antwerpen, waar hij lesgeeft vanaf 1947 tot 1975. Na een stage bij Le Corbusier (1887-1965) wordt hij in 1939 lid van het CIAM (*Congrès Internationaux d'Architecture Moderne*). Als belangrijke figuur van het architectuuronderzoek in België, schrijft Renaat Braem ook tal van artikels en essays over stedenbouwkunde.

Braem is auteur van talrijke openbare en private projecten, en realiseert onder andere: de politietoren De Oudaan (1958–1967) en het tentoonstellingspaviljoen van het Middelheimpark (1971), allebei in Antwerpen gesitueerd; zijn eigen woning in Deurne (1958) evenals het Glaverbelgebouw (1963–1967) en het rectoraat van de VUB [fig.8], allebei in Brussel. Tussen 1949 en 1958 werkt hij mee aan het ontwerp van dertien modelappartementen van de sociale wooneenheid Kiel in Antwerpen [fig.9].

Op hetzelfde moment vindt de tentoonstelling *Het nieuwe wonen* plaats, georganiseerd door *Formes Nouvelles*, de avant-gardistische groep designers, kunstenaars en filosofen opgericht in 1950. Deze modelappartementen worden in 1953 voor het publiek opengesteld, om zo een nieuw beeld te tonen van het moderne wonen. De interieurinrichting wordt toevertrouwd aan Emiel Veranneman (1924–2003) en Willy Van Der Meeren (p.92). In de loop van zijn carrière betrekt Renaat Braem de natuur meer en meer bij zijn reflectie, wat hem ertoe brengt zijn gebouwen te benaderen als natuurlijke organismen met een biomorfe structuur.

Zijn eerste realisatie op het vlak van design is een radiomeubel dat wordt voorgesteld op de Wereldtentoonstelling van Antwerpen van 1930. Gedurende een wedstrijd georganiseerd door de firma Philips in 1938, waarin hij meubilair voorstelt, zijn de eerste sporen van biomorfisme te zien, dat later een belangrijke plaats inneemt in zijn werk, vooral vanaf de jaren 1960. Gedurende deze periode keert hij zich af van het modernisme en het functionalisme om tot aan het eind van zijn carrière een meer organische vormtaal te hanteren.

Met uitzondering van de stoel *Haentjens* [fig.6], is het meubilair van Renaat Braem schaars en doorgaans geproduceerd in het kader van tentoonstellingen. In 1952 ontwerpt hij het interieur van de showroom van de firma Haentjens, een Antwerps bedrijf gespecialiseerd in bouwmaterialen. Braem ontwerpt voor deze luchtige en open ruimte biomorf aandoende stoelen met poten waarvan de spits uitlopende vorm iets heeft van de benen van een ballerina op de tippen van de tenen, met een rugleuning die kan doen denken aan haar buste. Naast wandrekken bestaat de set ook uit een tafel waarvan de poten doen denken aan die van een insect.

[9]

[10]

EN

Renaat Braem is an architect, urban planner and designer born in Antwerp. He graduates in architecture from the School of Fine Arts in Antwerp in 1935, an academy where he teaches from 1947 until 1975. After an internship with Le Corbusier (1887-1965), he becomes a member of the the CIAM (International Congress of Modern Architecture) in 1939. As an important figure in the study of architecture in Belgium, Renaat Braem also writes numerous articles and essays on urban planning.

He is the originator of numerous public and private projects, including: the Oudaan police tower (1958–1967) and the exhibition pavilion in Middelheim Park (1971), both in Antwerp; his own house in Deurne (1958), the Glaverbel building (1963–1967) and the VUB rectorate [fig.8], the one and the other in Brussels. Between 1949 and 1958, he collaborates with architects in the design of thirteen model flats in the social housing complex in Kiel in Antwerp [fig.9].

At the same time, the exhibition *The new settlement* organised by *Formes Nouvelles*, the cutting-edge group of designers, artists and philosophers created in 1950, takes place. These model flats are opened to the public in 1953 with the aim of spreading a new image of modern living. The interior design is entrusted to Emiel Veranneman (1924–2003) and Willy Van Der Meeren (p.92). Throughout his career, Renaat Braem's thinking integrates nature more and more, which leads him to view his buildings as natural organisms with a biomorphic organisation.

His first achievement is a radio cabinet presented at the Universal Exhibition of Antwerp in 1930. During a competition organised by the firm Philips in 1938 where he presents furniture, we can see the first traces of biomorphism that later occupies an important place in his work, particularly from the 1960s onwards. During this time period, he turns away from modernism and functionalism to invest in a more organic grammar until the end of his career.

With the exception of the *Haentjens* chair [fig.6], the furniture designed by Renaat Braem is rare and is usually made for exhibitions. In 1952, he realises the interior design of the showroom of Haentjens, a company specialising in building materials. For this airy and open space, Braem designs chairs with a biomorphic look with slender feet resembling ballerina legs dancing on points and a backrest taking the form of her bust. In addition to the shelves, the set also includes a table with legs reminiscent of those of an insect.

D673
VASES / VAZEN / VASES
FAÏENCE / AARDEWERK / EARTHENWARE
CA 1935

FR

En 1906, le céramiste franco-belge Charles Catteau est engagé comme dessinateur à la manufacture royale de faïence Boch Frères de La Louvière (1841–1966) afin d'en moderniser la production. Il enseigne alors la peinture décorative à l'école industrielle de La Louvière et est nommé responsable du département Décoration Keramis qu'il baptise Atelier de Fantaisie [fig.14].

La société Boch a été l'une des plus importantes de Belgique. Dès sa fondation, elle connaît le succès suite à de nombreuses visites royales et aux prix remportés lors de diverses Expositions Universelles. Vers 1870, des faïenciers hollandais sont engagés par la maison Boch pour imiter la céramique de Delft sur des objets de luxe, commercialisés sous le nom de Keramis. L'industrie se spécialisera dans les services de table et les objets décoratifs produits en série. Entre tradition et innovation, Boch Frères développe un style singulier, des procédés nouveaux et des savoir-faire importés de l'étranger.

Après la Première Guerre mondiale, les créations de Catteau connaissent un renouveau significatif évoluant de l'Art nouveau à l'Art déco. L'emploi de couleurs vives, la stylisation géométrique des décors, l'adaptation de ceux-ci à l'objet et la richesse des sources d'inspiration (le cubisme, l'abstraction, les ballets russes, le japonisme, l'africanisme, la faune et la flore ou encore la mode…) garantissent à Boch-Keramis un succès international.

En 1925, Charles Catteau est le seul céramiste belge mentionné dans le rapport officiel de l'Exposition internationale des Arts décoratifs et industriels modernes de Paris. Ses vases sont exposés dans le hall du pavillon d'honneur de la Belgique et sur le bureau du commissaire général belge. La participation du céramiste à l'Exposition lui vaut une médaille d'or pour le *Vase aux daims* en faïence fine Kyoto [fig.13], un procédé technique innovant comme celui du grès cérame. Catteau parvient à exploiter parfaitement les potentialités et les contraintes de la céramique. Pour le décor *D673* [fig.11], les médaillons circulaires ornés de fleurs et de feuilles stylisées sont appliqués sur un contre-fond clair ou foncé à l'inverse du ton de fond des vases. La qualité de l'inversion en détermine la perception esthétique.

La diversité dans les productions de Catteau révèle un souci constant d'évolution, mais surtout les convictions politiques et sociales du designer. Ce dernier privilégie une production de pièces en série qui s'avèrent néanmoins d'une qualité digne de pièces uniques, à des prix abordables. Il garantit ainsi une production artistique accessible à tous.

[12]

[13]

[fig.12] Charles Catteau
[fig.13] *Vase aux daims/Vaas met damherten/Deer vase* (1924)
[fig.14] Suzanne Bilot décore un *Vase aux daims*/Suzanne Bilot decoreert een *Vaas met damherten*/Suzanne Bilot decorating a *Deer vase* (Atelier de Fantaisie, ca 1924)
[fig.15] Album des décors peinture et aéro sous émail/ decoratiealbum verf en aero onder glazuur/ album of the decorations in paint and aero under enamel (p.13, 1930)

NL

In 1906 wordt de Frans-Belgische keramist Charles Catteau door de koninklijke faiencefabriek van La Louvière, Boch Frères (1841–1966), aangeworven als tekenaar om de productie te moderniseren. Terwijl hij decoratieve schilderkunst aan de industriële school van La Louvière onderwijst, wordt hij aangesteld als hoofd van de afdeling Décoration Keramis, die hij *Atelier de Fantaisie* noemt [fig.14].

Het bedrijf Boch was een van de belangrijkste van België. Vanaf zijn oprichting kent het grote bloei na talrijke koninklijke bezoeken en na de prijzen die het op diverse wereldtentoonstellingen wint. Rond 1870 werft de firma Nederlandse faienceschilders aan om de Delftse keramiek te imiteren op luxeobjecten die onder de naam Keramis op de markt worden gebracht. Het bedrijf specialiseert zich in tafelservies en in decoratieve objecten geproduceerd in serie. Tussen traditie en innovatie ontwikkelt Boch Frères een aparte stijl, nieuwe procedés en knowhow die uit het buitenland worden geïmporteerd.

Na de Eerste Wereldoorlog, krijgen de creaties van Catteau een nieuw elan door te evolueren van art nouveau naar art deco. Het gebruik van levendige kleuren, de geometrische stilering van de decors en hun aanpassing aan het object, en de rijkdom van de inspiratiebronnen (kubisme, abstractie, Russische balletten, japonisme, afrikanisme, fauna en flora, mode…) verzekeren de internationale faam van Boch-Keramis.

In 1925 is Charles Catteau de enige Belgische keramist die vermeld wordt in het officiële verslag van de Tentoonstelling van de Moderne Decoratieve en Industriële Kunst in Parijs. Zijn vazen worden tentoongesteld in de hal van het erepaviljoen van België en op het bureau van de Belgische algemeen commissaris. De deelname van de keramist aan de Expositie levert hem een gouden medaille op voor de *Vaas met damherten* in fijn Kyoto-faience [fig.13], een vernieuwend technisch procedé, net als dat voor het steengoed. Catteau maakt perfect gebruik van het potentieel en de beperkingen van keramiek. Op *D673* decor [fig.11] zijn de cirkelvormige medaillons versierd met gestileerde bloemen en bladeren aangebracht op een lichte of donkere achtergrond die het omgekeerde is van de bodemtoon van de vazen. De kwaliteit van de inversie bepaalt hun esthetische perceptie.

De diversiteit in de creaties van Catteau verraadt niet alleen een constant streven naar evolutie maar drukt in de eerste plaats de politieke en sociale overtuigingen van de ontwerper uit. Deze laatste kiest voor een serieproductie van waarvan de kwaliteit evenwaardig blijkt te zijn aan die van de unieke stukken, tegen betaalbare prijzen. Zo zorgt hij voor een voor iedereen toegankelijke artistieke productie.

[14]

[15]

EN

In 1906, the Franco-Belgian ceramist Charles Catteau is hired as a draughtsman at the royal earthenware factory of La Louvière, Boch Frères (1841–1966) in order to modernise production. While teaching decorative painting at the Industrial School of La Louvière, he is appointed head of the Keramis Decoration Department, which he calls *Atelier de Fantaisie* [fig.14].

The Boch company was one of the most important of Belgium. From its foundation, it has enjoyed great success following numerous royal visits and prizes won at various universal exhibitions. Around 1870, the company hires Dutch potters to imitate Delft ceramics on luxury items, marketed under the name Keramis. The industry becomes specialised in mass-produced tableware and decorative objects. Between tradition and innovation, Boch Frères develops a unique style, new processes and know-how imported from abroad.

After the First World War, the creations of Catteau undergo a significant renewal from Art nouveau to Art deco. The use of bright colours, the geometric stylisation of the decors and their adaptation to the object, and the wealth of sources of inspiration (cubism, abstraction, Russian ballets, japonism, africanism, fauna and flora, but also fashion…) ensure the international renown of Boch-Keramis.

In 1925, Charles Catteau is the only Belgian ceramist mentioned in the official report of the International Exhibition of Modern Decorative and Industrial Arts in Paris. His vases are displayed in the hall of the Belgian Pavilion of Honour and on the desk of the Belgian Commissioner General. The participation of the ceramist in this Exhibition earns him a gold medal for the *Deer vase* made of fine Kyoto earthenware [fig.13], an innovative technical process just like the stoneware. Catteau makes perfect use of the potential and constraints of ceramics. For the *D673* decor [fig.11], the circular medallions decorated with stylized flowers and leaves are applied on a light or dark background that is the reverse of the bottom tone of the vases. The quality of the inversion determines their aesthetic perception.

The diversity in the Catteau's production reveals a constant concern for evolution but above all the political and social convictions of the designer. Although he favours the mass production of pieces, their quality proves equal to that of unique pieces, at affordable prices. In this way, he guarantees an artistic production accessible to all.

NATHALIE DEWEZ 1974

INNER LIGHT
LAMPE / LAMP / LAMP
CRISTAL / KRISTAL / CRYSTAL
2017

FR

Nathalie Dewez est une designer qui s'est spécialisée dans l'élaboration de luminaires après des études d'architecture d'intérieur à La Cambre Arts Visuels à Bruxelles, dont elle est sortie en 2001. Un an plus tard, elle ouvre son studio d'architecture d'intérieur. Elle conçoit des objets de tailles diverses allant du mobilier à l'installation monumentale en passant par des œuvres plus sculpturales.

Élue designer belge de l'année en 2011, Nathalie Dewez reçoit la même année le Prix Design de la Fondation Pierre Bergé. Elle enseigne à La Cambre durant dix ans ainsi qu'à Mons. Elle collabore avec des bureaux d'architectes et de designers tels que Established & Sons en Grande-Bretagne ou encore Ligne Roset en France. Aujourd'hui Nathalie Dewez travaille avec des marques internationales comme Habitat, Hermès ou Moome.

La pièce poétique *Inner Light* [fig.16] est le fruit d'une collaboration avec la cristallerie du Val Saint Lambert (fondée en 1826). Dans ce cadre, trois lampes sont produites, qui se composent de deux globes de cristal mutuellement emboîtés. Mettant en valeur la taille du cristal, elles projettent l'ombre de la matière transparente gravée des motifs organiques du dessin grâce à une lampe halogène fixée au centre du premier globe.

Cette série de lampes à poser révèle un aspect doux et tamisé dû à l'effet sablé du cristal et à son apparence lactée ainsi qu'à leur tracé campaniforme. La tradition séculaire du travail du cristal s'allie ici à une œuvre contemporaine singulière. La fonction de l'objet et sa forme occupent une place importante dans le travail de Nathalie Dewez dont l'aspect épuré découle d'une utilisation parcimonieuse des matériaux.

[17]

[18]

[fig.17] Nathalie Dewez
[fig.18] Lampes/lampen/lamps *Ellipse* (2009)
[fig.19] Lampe/lamp/lamp *Balance* (schéma/schema/diagram, 2009)
[fig.20] Lampe/lamp/lamp *Marie* (2016)

NL

Na haar studies interieurarchitectuur aan La Cambre Arts Visuels in Brussel, waar ze in 2001 afstudeert, specialiseert Nathalie Dewez zich in het ontwerpen van verlichtingstoestellen. Een jaar later opent ze haar studio voor interieurarchitectuur. Ze creëert objecten in diverse formaten, gaande van meubilair over monumentale installaties tot meer sculpturale werken.

Na in 2011 tot Belgisch designer van het jaar te zijn verkozen, wint Nathalie Dewez in hetzelfde jaar de Design Prijs van de Stichting Pierre Bergé. Ze geeft gedurende tien jaar les in La Cambre en in Bergen. Ze werkt ook samen met architecten- en designbureaus zoals Established & Sons in Groot-Brittannië of Ligne Roset in Frankrijk. Vandaag werkt Nathalie Dewez voor internationale merken zoals Habitat, Hermès of Moome.

Het poëtische stuk *Inner Light* [fig.16] is de vrucht van een samenwerking met de kristalfabriek Val Saint Lambert (opgericht in 1826). Het bestaat uit drie lampen gevormd door twee in elkaar passende kristallen stolpen. Ze projecteren de schaduw van de transparante materie, waarin organische motieven zijn gegraveerd, dankzij een halogeenlamp bevestigd in het midden van een eerste kristallen stolp, en beklemtonen aldus het slijpwerk van het kristal.

Deze reeks tafellampen heeft een zachte en gedempte uitstraling dankzij het melkachtig witte kristal en hun klokbekervorm. De eeuwenoude traditie van de kristalbewerking wordt hier gekoppeld aan een heel apart hedendaags werkstuk. De functie van het object en zijn vorm bekleden een belangrijke plaats in het werk van Nathalie Dewez, dat dankzij een spaarzaam gebruik van materialen tot een strak resultaat komt.

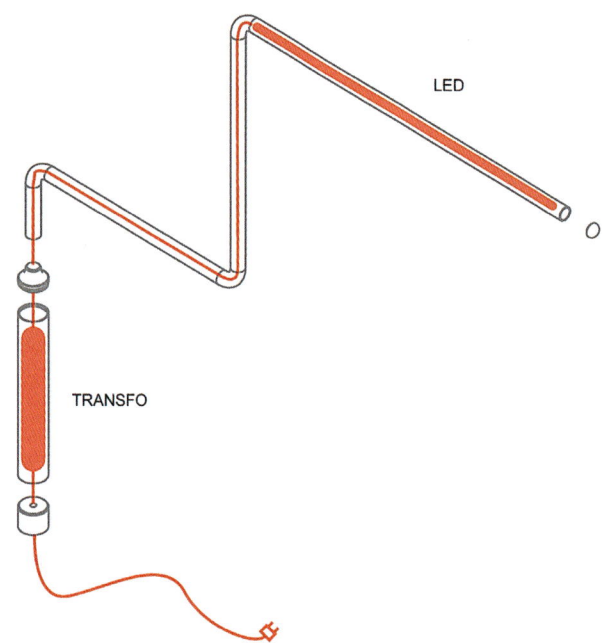

[19]

[20]

EN

Nathalie Dewez is a designer who has specialised in lighting design after studying interior architecture at La Cambre Arts Visuels in Brussels, from which she graduated in 2001. A year later, she opened her interior design studio. She designs objects of various sizes, ranging from furniture to monumental installations through more sculptural works.

Elected Belgian designer of the year in 2011, Nathalie Dewez is awarded the Design Prize from the Pierre Bergé Foundation the same year. She has been teaching at La Cambre for ten years as well as in Mons, she has also been collaborating with architectural and design offices such as Established & Sons in Great Britain and Ligne Roset in France. Nathalie Dewez currently works with international brands such as Habitat, Hermès or Moome.

The poetic piece *Inner Light* [fig.16] is the result of a collaboration with the Val Saint Lambert crystal factory (founded in 1826). In this context, three lamps are produced, they consisting of two crystal globes nested in each other. Highlighting the cutting of the crystal, they project the shadow of the transparent crystal engraved with organic patterns of the drawing thanks to a halogen lamp fixed in the centre of the first transparent crystal globe.

This series of table lamps reveals a soft, subdued appearance thanks to the sandblasted effect of the milky crystal and the campaniform pattern. The century-old tradition of crystal shaping is combined with a singular contemporary work. The function of the object and its form play an important role in the work of Nathalie Dewez, the sleek appearance of which is the result of the sparing use of materials.

FONCTIONNALISME SOCIAL EN BELGIQUE
SOCIAAL FUNCTIONALISME IN BELGIË
SOCIAL FUNCTIONALISM IN BELGIUM

FR

Dans la Belgique d'après-guerre, le fonctionnalisme repose sur le concept du «meuble social». Face à la pénurie de logements, architectes et designers s'engagent à construire des logements sociaux et des meubles modernes. Jacques Dupuis (p.32) conçoit un modèle de bibliothèque en bois laqué pour des foyers sociaux à Malmedy et à Auvelais (p.34). Les matériaux industrialisables comme le contreplaqué et l'acier tubulaire sont privilégiés pour rationnaliser la production. Willy Van Der Meeren (p.92), quant à lui, collabore avec l'entreprise Tubax à Vilvorde, spécialisée dans la production de mobilier en acier.

De nombreuses organisations partagent l'ambition de proposer aux classes sociales modestes des équipements domestiques contemporains. En Flandre, le Mouvement Ouvrier Chrétien (MOC) et les Ligues Ouvrières Féminines Chrétiennes (LOFC) défendent l'idée d'un mobilier fonctionnel dépourvu de décoration et d'ornement. Le groupe Formes Nouvelles cherche à moderniser la production d'un mobilier bon marché. Il privilégie les éléments séparés aux ensembles de salons et de salles à manger, dans l'objectif de répondre aux besoins individuels des consommateurs qui sont libres de composer eux-mêmes leurs intérieurs, à un prix abordable.

Ce groupe, présidé par Marcel-Louis Baugniet (p.6), membre, avant la guerre, de la revue d'avant-garde 7Arts, organise durant les années 1950 des expositions à travers la Belgique mettant en scène «l'intérieur domestique». Dès 1953, cette association, devenue coopérative, ouvre Form, sa galerie installée avenue de la Toison d'or à Bruxelles. D'autres initiatives originales verront le jour. Afin de promouvoir le nouveau mobilier belge, le Musée des Arts décoratifs de Gand organise les Salons nationaux du Meuble moderne et social. Influençant les modes de consommation, le but de ces foires à finalité commerciale, est aussi de familiariser les visiteurs à la décoration intérieure.

NL

In het naoorlogse België berust het functionalisme op het concept van het "sociale meubel". Om de woningschaarste aan te pakken, verbinden architecten en designers zich ertoe om sociale woningen te bouwen en moderne meubelen te ontwerpen. Jacques Dupuis (p.32) ontwerpt een bibliotheek in gelakt hout voor sociale ontmoetingscentra in Malmedy en in Auvelais (p.34). Materialen die zich lenen voor een industriële, rationele productie zoals multiplex en buisstaal, genieten de voorkeur. Willy Van Der Meeren (p.92) van zijn kant werkt samen met het bedrijf Tubax in Vilvoorde, gespecialiseerd in de productie van stalen meubilair.

Talrijke organisaties delen de ambitie om de minderbegoede sociale klassen een hedendaagse huisinrichting aan te bieden. In Vlaanderen verdedigen het Algemeen Christelijk Werkersverbond (ACW) en de Kristelijke Arbeiders Vrouwengilde (KAV) het idee van een functioneel meubilair ontdaan van versieringen. De groep Formes Nouvelles streeft ernaar de productie van goedkoop meubilair te moderniseren. Ze kiest voor losse meubelelementen in plaats van living- en eetkamersets, om zo in te spelen op de individuele behoeften van de consumenten, die hun interieur naar eigen goeddunken en tegen een betaalbare prijs kunnen inrichten.

De groep, voorgezeten door Marcel-Louis Baugniet (p.6), die voor de oorlog lid was van het avant-garde-tijdschrift 7Arts, organiseert tijdens de jaren 1950 in heel België tentoonstellingen waarop het "huiselijk interieur" centraal staat. In 1953 opent de vereniging, die ondertussen een coöperatieve is geworden, haar galerie Form aan de Gulden-Vlieslaan in Brussel, en er ontluiken nog meer originele initiatieven. Ter promotie van het nieuwe Belgische meubilair organiseert het Museum van Decoratieve Kunsten van Gent de Nationale Salons van het Sociale en Moderne Meubel. Deze commerciële beurzen beïnvloeden niet alleen het consumptiegedrag maar stellen de bezoekers ook in staat zich vertrouwd te maken met de binnenhuisinrichting.

EN

In post-war Belgium, functionalism is based on the concept of "social furniture". Faced with the housing shortage, architects and designers commit themselves to building social housing and modern furniture. Jacques Dupuis (p.32) designs a lacquered wooden library model for social homes in Malmedy and Auvelais (p.34). Industrialised materials such as plywood and tubular steel are favoured to rationalise production. Willy Van Der Meeren (p.92) for his part collaborates with the Tubax company in Vilvoorde, specialised in the production of steel furniture.

Many organisations share the ambition to offer contemporary household equipment to the lower social classes. In Flanders, the *Algemeen Christelijk Werkersverbond* (Christian Workers' Movement) and the *Kristelijke Arbeiders Vrouwengilde* (Christian Women workers League) promote the idea of functional furniture without decoration and ornament. The group *Formes Nouvelles* of architects, designers and craftsmen seeks to modernise the production of cheap furniture. It favours separate furniture over living room and dining room sets, with the aim of meeting the individual needs of consumers who are free to compose their own interiors at an affordable price.

The group, chaired by Marcel-Louis Baugniet (p.6), before the war a member of the avant-garde magazine *7Arts*, organises exhibitions throughout Belgium in the 1950s featuring "domestic interior". In 1953, the association, which has become a cooperative, opens Form, its gallery, in the avenue de la Toison d'Or in Brussels and other original initiatives are born. In order to promote new Belgian furniture, the Museum of Decorative Arts in Ghent organises the National Social and Modern Furniture Fairs. Influencing consumption patterns, these fairs have a commercial purpose for the participants, but they are also intended to enable visitors to familiarise themselves with interior decoration.

[fig.21] Affiche du Troisième Salon national du Meuble moderne et social/Poster van de Derde Nationale Salon van het Moderne en Sociale Meubel/Poster of the Third National Social Modern Furniture Fair, Frida Graet-Burssens (1957)

JACQUES DUPUIS 1914–1984
1

LE PARADOR
CHAISE / STOEL / CHAIR
SIMILI CUIR ROUGE, BRONZE / ROOD KUNSTLEER, BRONS / RED IMITATION LEATHER, BRONZE
1947

JACQUES DUPUIS
2

BIBLIOTHÈQUE / BOEKENPLANK / BOOKCASE
BOIS LAQUÉ BLANC / WIT GELAKT HOUT / WHITE LACQUERED WOOD
CA 1950

FR

Dans la Belgique d'après-guerre, l'architecte Jacques Dupuis se distingue par l'originalité de son mobilier. Très tôt, il crée une série de tabourets noirs à lattes incurvées, signe de son goût pour l'art japonais. Formé à La Cambre, il se détache de la rigueur des enseignements fonctionnalistes suite à ses voyages aux Pays-Bas, en Scandinavie, et à la découverte du travail d'Alvar Aalto (1898–1976) qui influencent toute sa carrière.

En 1946, il conçoit comme une œuvre totale la Maison Le Parador à Bruxelles. Dans un style organique, cette habitation familiale englobe architecture, aménagement intérieur, mobilier et jardin. Les espaces y sont largement ouverts et prolongent l'intérieur vers l'extérieur grâce à de grandes baies vitrées. Les meubles aux lignes pures y sont réalisés à partir de matériaux nobles, entre tradition et modernisme. À l'origine du projet, il fabrique un prototype de chaise [fig.22] pour la salle à manger, en similicuir rouge et bronze à l'inspiration scandinave, mais le commanditaire lui préfère au final une table et des fauteuils en sycomore, plus discrets [fig.27]. Entre sobriété et exubérance baroque, le mobilier du salon intégrant bibliothèque et étagère est couronné d'un plafond stuqué à motif étoilé.

À l'instar de cette «maison-sculpture», Dupuis réalise des «objets-sculptures» qui sont des constructions graphiques en soi. Par exemple, l'escalier architecturé du Parador repose sur une structure faite de courbes, de sphères et de zigzags. La bibliothèque blanche en bois laqué [fig.23], les étagères de la collectionneuse d'art moderne Madeleine Everaert (1962) et celles de la Maison Bedoret (1957), aussi à Bruxelles, prennent des allures de labyrinthes aux lignes droites et diagonales. Le mobilier en merisier clair de la Maison Dumont à Braine-le-Comte (1951) se compose d'un canapé, de bergères à oreilles en velours bleu-gris dont les dossiers sont démesurés, d'une table rectangulaire assemblée en queue d'aronde et de chaises aux lignes dynamiques avec motifs d'étoiles marquetés reposant sur des pieds gainés de cuivre.

Qu'elle soit en forme de haricot pour ses premières créations, en formica et piètement en fer forgé, en forme d'éclair [fig.26] pour les Bedoret, ou bien ronde et incrustée de marbre dans la Maison Franeau construite près de Mons (1960–1962), la table représente pour Jacques Dupuis un cadre privilégié pour ses expérimentations formelles. Au cours des années 1960, l'architecte et designer ralentira significativement sa production de mobilier pour s'adonner à la photographie et à la peinture.

[24]

[25]

[fig.24] Jacques Dupuis
[fig.25] Étagère/boekenrek/
bookshelf (Le Parador,
1947)
[fig.26] Table en forme d'éclair/
tafel in de vorm van een
bliksem/table in the shape
of a lightning bolt
(Maison Bedoret, ca 1957)
[fig.27] Fauteuil en sycomore/
stoel in esdoorn/chair
in sycamore (Le Parador,
1947)

NL

In het naoorlogse België valt de architect Jacques Dupuis op met zijn origineel meubilair. Al vroeg ontwerpt hij een reeks zwarte krukken met gebogen latjes die getuigen van zijn liefde voor de Japanse kunst. Na zijn opleiding aan La Cambre maakt hij zich los van het strikte functionalistische onderwijs. Zijn reizen naar Nederland en Scandinavië en de kennismaking met het werk van Alvar Aalto (1898–1976) oefenen een blijvende invloed op zijn carrière uit.

In 1946 ontwerpt hij huis Le Parador in Brussel, dat is opgevat als een totaalkunstwerk. In een organische stijl omvat deze gezinswoning architectuur, binnenhuisinrichting, meubilair en tuin. De vertrekken zijn breed geopend en het interieur wordt naar buiten verlengd dankzij de kamerhoge ramen. De meubels met hun zuivere lijnen zijn gemaakt van edele materialen, tussen traditie en modernisme. Aanvankelijk maakt hij een prototype voor een eetkamerstoel [fig.22] in rood kunstleer en brons, met Scandinavische invloeden, maar uiteindelijk verkiest de opdrachtgever een tafel en stoelen in esdoorn met een discretere look [fig.27]. Het meubilair van de living, tussen soberheid en barokke uitbundigheid, integreert bibliotheek en boekenrek en wordt bekroond door een plafond met stucwerk met sterrenmotieven.

Naar het voorbeeld van dit "sculptuur-huis", creëert Dupuis ook "sculptuur-objecten" die grafische constructies op zich zijn. Zo rust de zorgvuldig vormgegeven trap van Le Parador op een structuur gemaakt van bogen, bollen en zigzagvormen. De witte bibliotheek in gelakt hout [fig.23], de rekken van de verzamelaarster van moderne kunst Madeleine Everaert (1962) en die van Huis Bedoret (1957) zien eruit als labyrinten met rechte en diagonale lijnen. Het meubilair in licht kersenhout van Huis Dumont in 's-Gravenbrakel (1951) omvat een zitbank, ruststoelen met oren in blauwgrijs fluweel en met overmaatse rugleuningen, een rechthoekige tafel met zwaluwstaartverbindingen en stoelen met dynamische lijnen en ingelegde sterrenmotieven, rustend op met koper omklede poten.

Of ze nu boonvormig is zoals voor zijn eerste creaties, of in formica en met een onderstel in smeedijzer in de vorm van een bliksem [fig.26] in Huis Bedoret, ofwel rond en met marmer ingelegd in Huis Franeau dat nabij Bergen werd gebouwd (1960–1962), voor Jacques Dupuis vormt de tafel het ideale terrein voor zijn vormelijke experimenten. In de loop van de jaren 1960 zal de architect en designer zijn productie van meubilair sterk terugschroeven om zich aan fotografie en schilderkunst te wijden.

[26]

[27]

EN

In post-war Belgium, the architect Jacques Dupuis distinguishes himself by the originality of his furniture. Very early on, he creates a series of black stools with curved slats as a sign of his taste for Japanese art. Trained at La Cambre, he detaches himself from the rigour of the functionalist teachings after his travels to the Netherlands, Scandinavia and after the discovery of Alvar Aalto's (1898–1976) work that influenced his entire career.

In 1946, he designs the house Le Parador in Brussels as a total work of art. In an organic style, this family dwelling encompasses architecture, interior design, furniture and garden. The spaces are wide open and extend inwards to the outside through large bay windows. The furniture with pure lines is made up from noble materials between tradition and modernism. Originally, there is a prototype chair [fig.22] for the dining room in Scandinavian-inspired red imitation leather and bronze, but the sponsor eventually prefers a more discreet table and chairs in sycamore [fig.27]. Between soberness and baroque exuberance, the furniture of the living room (integrating library and bookshelf) is crowned by a stuccoed ceiling with a star motif.

Following the example of this "sculpture-house", Dupuis creates "sculpture-objects" that are graphic constructions in themselves. For example, the architectural staircase of Le Parador rests on a structure made of curves, spheres and zigzags. The white lacquered wooden bookcase [fig.23], the shelves of the modern art collector Madeleine Everaert (1962) and those of the Bedoret House (1957) look like labyrinths with straight and diagonal lines. The light cherry wood furniture of the Dumont House in Braine-le-Comte (1951) is composed of a sofa, bergères with blue-grey velvet ears and with oversized backs, a rectangular dovetailed table and chairs with dynamic lines and inlaid star motifs resting on copper-clad legs.

Whether in the shape of a bean for its first creations, in formica and wrought-iron legs in the shape of a lightning bolt [fig.26] for the Bedoret House, or round and inlaid with marble in the Franeau House which is built near Mons (1960–1962), the table represents for Jacques Dupuis a privileged setting for his formal experimentations. During the 1960s, the architect and designer slows down his furniture production significantly to devote himself to photography and painting.

TBA
CHAISE / STOEL / CHAIR
CUIR, ACIER CHROMÉ / LEER, CHROOMSTAAL / LEATHER, CHROMED STEEL
1959

FR

Christophe Gevers est un architecte d'intérieur à la carrière prolifique. Formé au dessin technique ainsi qu'aux métiers du bois, de l'acier et de la forge, il débute comme vendeur pour le fabricant de mobilier De Coene (maison fondée en 1895). Le premier projet d'aménagement complet de Gevers est le Cap d'Argent (1958), son propre café-brasserie, destiné à une clientèle bruxelloise bourgeoise et cultivée. Il rajeunit l'année suivante la Taverne des Beaux-Arts pour laquelle il dessine l'iconique chaise *TBA* en cuir et acier chromé [fig.28].

Fort de ces succès, il fonde son agence dès 1961, aménage les bateaux de la compagnie anversoise Flandria (1966), produit une gamme de meubles de luxe en série pour les Finlandais Asko [fig.30] et réalise pour son ami Albert Niels l'aménagement, entre autres, de la brasserie Au Vieux Saint Martin (1968) située au Grand Sablon à Bruxelles. Deux ans plus tard, ce dernier lui confie aussi la conception du restaurant du pavillon belge à l'Exposition Universelle d'Osaka [fig.31].

Défiant les contraintes des lieux, Christophe Gevers trouve pour chaque projet des solutions innovantes qui résultent d'une étude des volumes et de la réalisation de croquis et de maquettes. Dans une approche fonctionnaliste, il développe un langage moderniste avec des couleurs vives et comme matériaux de prédilection : le métal, le cuir, le bois et le marbre.

De 1959 à 1993, il est professeur de mobilier et d'agencement à La Cambre où il aménage, en 1970, le restaurant de l'école avec des bancs, des tables et des claustras en chêne qui par leur horizontalité contrebalancent la hauteur de la salle. Un an plus tard, il crée pour l'auditorium du Passage 44 (Bruxelles) un revêtement en bois qui améliore son acoustique. Par ailleurs, il continuera à travailler pour de nombreuses enseignes.

S'autorisant à offrir ses services à toutes les clientèles, il décore plusieurs maisons privées en Belgique et en France, les restaurants d'entreprise de quelques banques belges (1975–1978), plusieurs fast-foods Quick (le premier en 1983) ou encore le restaurant mondain Canterbury à Ixelles (1992). Les meubles de Christophe Gevers ont la particularité de jouir de l'usure due au temps. Ses dernières créations sont consacrées à ses petits-enfants pour lesquels il imaginera des jouets.

[29]

[30]

[fig.29] Christophe Gevers
[fig.30] Meubles/meubelen/furniture Asko (1966–1967)
[fig.31] Restaurant du pavillon belge/het restaurant van het Belgisch paviljoen/the restaurant in the Belgian pavilion. Exposition universelle/Wereldtentoonstelling/World Expo (Osaka, 1970)
[fig.32] La chaise *TBA*/de *TBA* stoel/the *TBA* chair (Design Centre, 1964)

NL

Christophe Gevers is een heel productief interieurarchitect. Na een opleiding technisch tekenen, hout- en staalbewerking en smeedkunst, begint hij als verkoper te werken voor meubelfabrikant De Coene (bedrijf gesticht in 1895). Zijn eerste project voor totaalinrichting is Le Cap d'Argent (1958), zijn eigen café-brasserie die mikt op een burgerlijk en gecultiveerd Brussels publiek. Het jaar daarop knapt hij de Taverne des Beaux-Arts op, waarvoor hij de iconische TBA-stoel in leder en verchroomd staal ontwerpt [fig.28].

Aangemoedigd door deze successen sticht hij in 1961 zijn eigen agentschap, richt hij de boten van het Antwerpse bedrijf Flandria in (1966), produceert hij een assortiment van in serie gemaakte luxemeubelen voor de Finnen Asko [fig.30] en verzorgt hij voor zijn vriend Albert Niels de inrichting van onder meer brasserie Au Vieux Saint Martin (1968) aan de Grote Zavel in Brussel. Twee jaar later vertrouwt die laatste hem het ontwerp toe van het restaurant van het Belgisch paviljoen op de Wereldtentoonstelling van Osaka [fig.31].

In weerwil van de beperkingen opgelegd door de plaatsen waar hij werkt, vindt Christophe Gevers voor elk project innoverende oplossingen na een studie van de volumes en de vervaardiging van schetsen en maquettes. Vanuit een functionalistische benadering ontwikkelt hij een modernistische taal met levendige kleuren en met als lievelingsmaterialen metaal, leer, hout en marmer.

Van 1959 tot 1993 werkt hij als docent meubel- en interieurontwerp aan La Cambre. Hij richt er in 1970 het restaurant van de school in met banken, tafels en claustra's in eik die dankzij hun horizontaliteit een tegenwicht vormen voor de hoogte van de zaal. Een jaar later creëert hij de houten bekleding die de akoestiek van het auditorium van de Passage 44 in Brussel verbetert. Daarnaast blijft hij ook voor verschillende merken werken.

Hij biedt zijn diensten aan alle soorten klanten aan en richt een aantal privéhuizen in België en Frankrijk in, evenals de bedrijfsrestaurants van verscheidene Belgische banken (1975–1978), enkele Quick fastfoodrestaurants (het eerste in 1983), maar ook het mondaine restaurant Canterbury in Elsene (1992). Kenmerkend voor de meubelen van Christophe Gevers is dat ze onderhevig zijn aan de slijtage van de tijd. Zijn laatste creaties zijn speelgoedartikelen bestemd voor zijn kleinkinderen.

[31]

[32]

EN

Christophe Gevers is an interior architect with a prolific career. Trained in technical drawing, woodwork, steelworks and forging, he starts as a salesman for the furniture manufacturer De Coene (company founded in 1890). His first complete development project is the Cap d'Argent (1958), his own café-brasserie, intended for a middle-class and cultivated Brussels clientele. The following year he rejuvenates the Taverne des Beaux-Arts, for which he designs the iconic *TBA* chair in leather and chromed steel [fig.28].

On the strength of these successes, he founds his agency in 1961, fits out the boats of the Antwerp-based Flandria company (1966), produces a range of luxury furniture in series for the Finns Asko [fig.30]. He designs, among other things, the Vieux Saint Martin brasserie (1968) at the Grand Sablon in Brussels for his friend Albert Niels. In 1970, the latter entrusts him with the design of the restaurant in the Belgian pavilion at the Osaka World Expo [fig.31].

Defying the constraints of the locations he works in, Christophe Gevers finds innovative solutions for each project, based on a study of the volumes and the production of sketches and models. In a functionalist approach, he develops a modernist language with bright colours and choice materials such as metal, leather, wood and marble.

He is a professor of furnishing and interior design at La Cambre (1959–1993), where he fits out the school restaurant with benches, tables and oak claustras (1970) which, by their horizontality, counterbalance the height of the room. One year later, he creates a wooden covering to improve the acoustics of the Passage 44 auditorium in Brussels and he continues working for many brands.

Authorizing himself to work for all clients, he decorates a number of private homes in Belgium and France, the company restaurants of several Belgian banks (1975–1978), some Quick fast-food restaurants (the first one in 1983) but also the fashionable Canterbury restaurant in Ixelles (1992). What makes the furniture of Christophe Gevers special, is that it is subject to the wear and tear of time. His last creations are toys for his grandchildren.

ALAIN GILLES 1970

NOMAD
LAMPE SOLAIRE / ZONNELAMP / SOLAR LAMP
ACRYLONITRILE BUTADIÈNE STYRÈNE, LEDS, PANNEAU SOLAIRE, BATTERIE / ACRYLONITRIL-BUTADIEEN-STYREEN, LEDS, ZONNEPANEEL, BATTERIJ / ACRYLONITRILE BUTADIENE STYRENE, LEDS, SOLAR PANEL, BATTERY
2012

FR

Après des études en Sciences politiques et une brève carrière dans le monde de la finance, Alain Gilles se réoriente et se lance, en 2002, dans une formation en design industriel à l'Institut Supérieur de Design de Valenciennes. Il est brièvement l'assistant de Xavier Lust (p.66), puis travaille pour l'éditeur belge Quinze & Milan.

Avec l'ouverture de son propre studio dès 2007, il peut enfin développer une approche plus personnelle du mobilier et de l'architecture intérieure. Il collabore alors avec plusieurs marques internationales: il conçoit les cache-pots *Rock Garden* et le sofa *Translation* (2008) en polyéthylène recyclable pour Qui est Paul?. La maison italienne Bonaldo édite l'iconique et dynamique *Big Table* [fig.36] (primée par le Good Design Award) et les tables juxtaposables *Tectonic* (2008). BuzziSpace produit les microarchitectures en bois et aluminium recyclé du designer, comme la *BuzziBooth* [fig.35], sorte de cocon acoustique rappelant les cabines téléphoniques, qui permet à son utilisateur de s'isoler du bruit ambiant. Comment ne pas voir dans les *Tension Tables* (2009) qu'il réalise pour la Galerie Gosserez un héritage de l'esthétique ludique de Willy Van Der Meeren (p.92).

Alain Gilles conçoit des produits répondant aux besoins actuels dans un design clair et lisible. La lampe portable et rechargeable à l'énergie solaire *Nomad* pour O'SUN [fig.33] répond à plusieurs usages parmi lesquels, en particulier, la nécessité de fournir de l'éclairage à une population n'ayant pas accès à l'électricité. Elle sert aussi d'alternative aux lampes à pétrole, d'outil en cas d'urgence (catastrophe naturelle ou crise humanitaire) ou de simple source lumineuse à l'extérieur. Ce produit veut s'adresser à tous, raison pour laquelle il est proposé aux organisations non gouvernementales à un prix adapté.

[34]

[35]

[fig.34] Alain Gilles
[fig.35] *BuzzyBooth* (2010)
[fig.36] *Big Table* (2009)
[fig.37] Table/tafel/table *Fragment* (croquis/schetsen/sketches, 2018)

NL

Na studies politieke wetenschappen en een korte carrière in de financiële wereld gooit Alain Gilles het over een andere boeg en kiest hij in 2002 voor het industrieel design aan het Hoger Instituut voor Design in Valenciennes. Hij is korte tijd assistent van Xavier Lust (p.66) en werkt daarna voor de Belgische uitgever Quinze & Milan.

Dankzij de opening van zijn eigen studio in 2007 kan hij eindelijk een persoonlijker aanpak van meubelontwerp en interieurarchitectuur ontwikkelen. Sindsdien werkt hij samen met verschillende internationale merken: hij ontwerpt de bloembakken *Rock Garden* en de sofa *Translation* (2008) in recyclebaar polyethyleen voor Qui est Paul?. Het Italiaanse bedrijf *Bonaldo* geeft de iconische en dynamische *Big Table* [fig.36] uit (bekroond met de Good Design Award) en de combineerbare *Tectonic* tafels (2008). BuzziSpace produceert de micro-architectuurstukken van de designer in gerecycleerd hout en aluminium, zoals de *BuzziBooth* [fig. 35], een soort akoestische cocon die doet denken aan een telefooncel en die de gebruiker in staat stelt zich van het omgevingslawaai te af te sluiten. De *Tension Tables* (2009) die hij voor de Galerie Gosserez ontwerpt, liggen duidelijk in de lijn van de speelse esthetiek van Willy Van Der Meeren (p.92).

Alain Gilles ontwerpt producten die aan de huidige behoeften beantwoorden in een helder en leesbaar design. De draagbare en herlaadbare lamp op zonne-energie *Nomad* voor O'SUN [fig.33] is multifunctioneel en in de eerste plaats geschikt om verlichting te verschaffen aan mensen die geen toegang hebben tot elektriciteit. Ze dient ook als alternatief voor petroleumlampen, als noodinstrument (natuurramp of humanitaire crisis) of als eenvoudige lichtbron voor buiten. Dit product richt zich tot iedereen, en om die reden wordt het aan niet-gouvernementele organisaties aangeboden tegen een aangepaste prijs.

[36]

[37]

EN

After his studies in Political Science and a brief career in the world of finance, Alain Gilles chooses a new orientation in industrial design at the Higher Institute of Design in Valenciennes in 2002. He briefly becomes an assistant to Xavier Lust (p.66) and works for the Belgian publisher Quinze & Milan.

With the opening of his own studio in 2007, he is finally able to develop a more personal approach to furniture and interior design. He then goes on to collaborate with several international brands. He designs the *Rock Garden* pot holders and the *Translation* sofa (2008) out of recyclable polyethylene for Qui est Paul?. The Italian company Bonaldo publishes the iconic and dynamic *Big Table* [fig.36] (winner of the Good Design Award) and the juxtaposable *Tectonic* tables (2008). BuzziSpace produces the microarchitectures of the designer in recycled wood and aluminum, such as the *BuzziBooth* [fig.35], a sort of acoustic cocoon reminiscent of telephone booths, which allows its user to isolate himself from the surroundings. The *Tension Tables* (2009) that he creates for the Galerie Gosserez are clearly in line with the playful aesthetics of Willy Van Der Meeren (p.92).

Alain Gilles designs products that meet today's needs in a clear and readable design. The portable and rechargeable solar lamp *Nomad* for O'SUN [fig.33] responds to several uses and in particular to the need to provide lighting to a population without access to electricity. It can also be used as an alternative to oil lamps, as a tool in case of emergency (natural disaster or humanitarian crisis) or as a simple outdoor light source. This product is meant to everyone, which is why it is sold to non-governmental organizations at an appropriate price.

S3
FAUTEUIL / FAUTEUIL / LOUNGE CHAIR
TWEED, BOIS LAQUÉ NOIR / TWEED, ZWART GELAKT HOUT / TWEED, BLACK LACQUERED WOOD
1958

FR

Né à Malines, Alfred Hendrickx est le petit-fils d'Eugène Van Fleteren, propriétaire d'une fabrique de meubles en bois. Après la Seconde Guerre mondiale, la fabrique Van Fleteren, devenue Belform, se spécialise dans les intérieurs nautiques avant d'investir le marché du mobilier domestique. À vingt ans, Alfred Hendrickx travaille pour l'entreprise familiale en tant qu'architecte d'intérieur. Il conçoit une collection complète de mobilier moderne dans la lignée du design italien des années 1950. Cet ensemble, remarqué lors du Salon national du Meuble moderne et social de Gand en 1957, se démarque par la dynamique de ses structures en bois.

Dans la Belgique d'après-guerre, on assiste à des évolutions et à des innovations en termes de design. De cette période de reconstruction en quête de «mieux-vivre» émerge le modernisme ludique (p.90): une esthétique légère et optimiste, dont l'Expo 58 se fait la vitrine, qui s'épanouit et rencontre rapidement le succès au sein de la sphère domestique. Cette manifestation internationale est l'occasion pour Alfred Hendrickx d'exposer son mobilier au pavillon de la province d'Anvers. On y retrouve son fauteuil S3 [fig.38] ainsi que son buffet orné du travail du céramiste Willy Meysmans (né en 1930) [fig.42]. Son travail évolue alors d'un design léger et ludique vers des formes sobres et épurées.

Les fauteuils S3, dont il n'existe plus aujourd'hui qu'une cinquantaine d'exemplaires originaux, ont meublé le lobby (Skyhall) de l'aéroport de Bruxelles-National construit dans la foulée de l'Expo 58. Ce fauteuil est composé de trois pieds étroits en bois aux lignes pures et fluides lui donnant un aspect décontracté. Il en existe trois versions en tweed de coloris différents: bleu, moutarde et rouge. Hendrickx travaille la matière de façon à lui donner une apparence légère en mettant en avant la simplicité naturelle des lignes du bois.

[39]

[40]

[fig.39] Alfred Hendrickx
[fig.40] Skyhall Sabena (ca 1958)
[fig.41] Espace d'exposition/
expositieruimte/exhibition
hall Belform (Expo 58)
[fig.42] Buffet/dressoir/buffet,
Hendrickx & Meysmans
(ca 1958)

NL

De in Mechelen geboren Alfred Hendrickx is de kleinzoon van Eugène Van Fleteren, eigenaar van een fabriek van houten meubilair. Na de Tweede Wereldoorlog specialiseert de fabriek Van Fleteren, het latere Belform, zich in nautische interieurs alvorens zich toe te leggen op de markt van het huishoudelijk meubilair. Op zijn twintigste werkt Alfred Hendrickx als interieurarchitect voor het familiebedrijf. Hij ontwerpt een volledige collectie modern meubilair in de lijn van het Italiaanse design van de jaren 1950. Dit geheel, een blikvanger tijdens het Nationaal Salon van het Moderne en Sociale Meubel van Gent van 1957, valt op door de dynamiek van zijn houten structuren.

In het naoorlogse België maakt het design een opmerkelijke evolutie door die gepaard gaat met tal van innovaties. Uit deze periode van heropbouw waarin men "beter wil leven" ontspruit het speelse modernisme. Er ontwikkelt zich een luchtige en optimistische esthetiek, waarvan Expo 58 het uitstalraam wordt en die vrijwel meteen succes heeft binnen de huiselijke sfeer. Dit internationale gebeuren biedt Alfred Hendrickx de kans zijn meubilair tentoon te stellen in het paviljoen van de provincie Antwerpen. Hij toont er zijn fauteuil S3 [fig.38] en ook zijn dressoir versierd door keramist Willy Meysmans (geboren in 1930) [fig.42]. Zijn werk ondergaat dan een evolutie van een luchtig en speels design naar sobere en strakke vormen.

De fauteuils S3, waarvan vandaag nog slechts een vijftigtal originele exemplaren bestaan, stonden in de lobby (Skyhall) van de luchthaven Brussel-Nationaal die direct na Expo 58 werd gebouwd. Deze fauteuil heeft drie smalle houten poten met pure en vloeiende lijnen die voor een ontspannen look zorgen. Er bestaan drie versies in tweed in verschillende kleuren: blauw, mosterdgeel en rood. Alfred Hendrickx bewerkt de materie op zo'n manier dat ze licht aanvoelt en hij benadrukt de natuurlijke eenvoud van het lijnenspel van het hout.

[41]

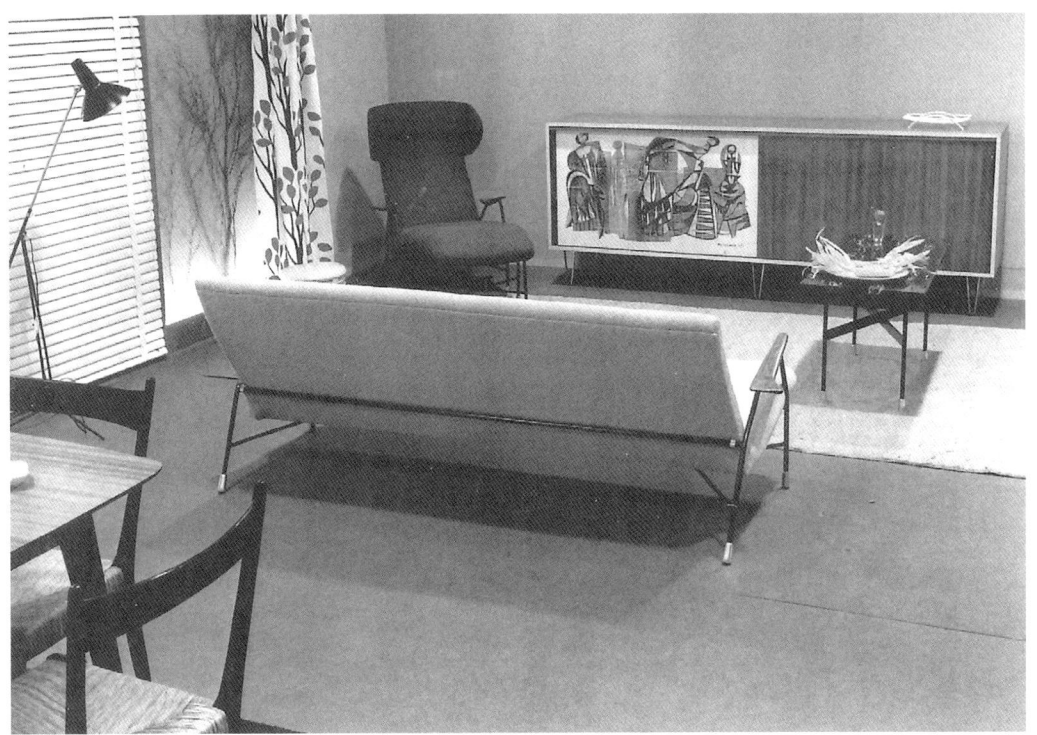
[42]

EN

Born in Mechelen, Alfred Hendrickx is the grandson of Eugène Van Fleteren, owner of a wooden furniture factory. After the Second World War, the Van Fleteren factory, later Belform, specialises in nautical interiors before moving into the home furniture market. At twenty, Alfred Hendrickx works for the family business as an interior designer. He designs a comprehensive collection of modern furniture in line with the Italian design of the 1950s. This collection, which caught the eye at the National Social Modern Furniture Fair in Ghent in 1957, is characterised by the dynamic nature of its wooden structures.

Post-war Belgium witnesses major developments and innovations in design. From this period of reconstruction in search of "better living" emerges the ludic modernism. The light and optimistic aesthetics which is showcased at Expo 58 flourishes and quickly meets with success in the domestic sphere. This international event is an opportunity for Alfred Hendrickx to exhibit his furniture in the Pavilion of the province of Antwerp. It features his S3 chair [fig.38] as well as his buffet decorated with the work of the ceramist Willy Meysmans (born in 1930) [fig.42]. His work then develops itself from a light and playful design into sober and pure forms.

The S3 chairs, of which there are only around fifty original examples today, furnished the lobby (Skyhall) of Brussels National Airport built around the time of Expo 58. This chair consists of three narrow wooden legs with pure, flowing lines giving it a relaxed appearance. There are three tweed versions in different colours: blue, mustard and red. Hendrickx works the material in such a way as to give it a light appearance by emphasising the natural simplicity of the lines of the wood.

EXPOSITION INTERNATIONALE DES ARTS DÉCORATIFS ET INDUSTRIELS MODERNES
INTERNATIONALE TENTOONSTELLING VAN MODERNE DECORATIEVE EN INDUSTRIËLE KUNST
INTERNATIONAL EXHIBITION OF MODERN DECORATIVE AND INDUSTRIAL ARTS

FR

En 1925, Paris accueille l'Exposition internationale des Arts décoratifs et industriels modernes. Cherchant à promouvoir le renouvellement esthétique des arts appliqués français, le thème retenu est *L'Art de vivre dans le monde moderne*. L'événement connaît un véritable succès populaire: plusieurs millions de visiteurs se pressent de l'esplanade des Invalides aux abords du Grand Palais pour découvrir une centaine de pavillons.

Mais au lendemain de la Première Guerre mondiale, certains artistes et architectes critiquent la manifestation comme étant une débauche de luxe. L'un de ces détracteurs, Le Corbusier, présente néanmoins le *Pavillon de l'Esprit Nouveau* équipé de ses *Casiers Standards,* orné de toiles de Fernand Léger (1881–1955), meublé de fauteuils Thonet *B09* et du siège *Le Surrepos* du docteur Pascaud. Alors que le Bureau-bibliothèque modulaire de Pierre Chareau (1883–1950) témoigne encore d'un dialogue entre tradition et modernité, le Fumoir de Francis Jourdain (1876–1958) pour l'Ambassade française, le Pavillon du tourisme et les arbres cubistes dessinés par Robert Mallet-Stevens (1886–1945) illustrent une nouvelle grammaire formelle.

Une vingtaine de nations européennes participent à l'Exposition et la Belgique, mise à l'honneur, occupe un pavillon réalisé par l'architecte Victor Horta (1861–1947). Dans une démarche conceptuelle, Philippe Wolfers (1858–1929) conçoit *Gioconda*, une salle à manger basée sur le principe du dodécagone appliqué à l'orfèvrerie, au mobilier et au tapis.
À la Galerie des Invalides, le Bureau-fumoir d'Huib Hoste (p.60) et Victor Servranckx (1897–1965) attire particulièrement l'attention avec ses lignes pures et la facilité d'entretien qu'il suggère. L'architecte et ensemblier Léon Sneyers (1877–1948) décore le rez-de-chaussée du Grand Palais; des plans et des maquettes des projets d'architectes belges comme Louis-Herman De Koninck (1896–1984) et Victor Bourgeois (1897–1962) sont aussi exposés. La présence belge est donc marquante et remarquée.

L'exposition de 1925 aura autant donné son nom au style Art déco qu'ouvert la voie aux premières expressions du modernisme.

NL

In 1925 wordt in Parijs de Tentoonstelling van Moderne Decoratieve en Industriële Kunst georganiseerd. De expo heeft als thema *De kunst om te wonen in de moderne wereld* en wil de aanzet geven tot een esthetische vernieuwing van de Franse toegepaste kunsten. Het wordt een groot publiekssucces: verschillende miljoenen bezoekers verdringen zich op de Esplanade des Invalides aan het Grand Palais om een honderdtal paviljoenen te ontdekken.

Maar meteen na de Eerste Wereldoorlog bekritiseren sommige kunstenaars en architecten het evenement als een uitspatting van luxe. Een van deze tegenstanders, Le Corbusier, stelt niettemin het *Pavillon de l'Esprit nouveau* voor, voorzien van zijn *Casiers Standards* (ingebouwde kastjes), versierd met schilderijen van Fernand Léger (1881–1955) en bemeubeld met fauteuils *Thonet B09* en de chaise longue *Le Surrepos* van dokter Pascaud. Terwijl het moduleerbare Kantoor-bibliotheek van Pierre Chareau (1883–1950) nog getuigt van een dialoog tussen traditie en moderniteit, illustreren de Rookkamer van Francis Jourdain (1876–1958) voor de Franse Ambassade, het Toerismepaviljoen en de kubistische bomen getekend door Robert Mallet-Stevens (1886–1945) een nieuwe vormelijke grammatica.

Aan de tentoonstelling nemen een twintigtal Europese landen deel, en België, dat speciaal in de kijker wordt geplaatst, krijgt een paviljoen ontworpen door de architect Victor Horta (1861–1947). Vanuit een conceptuele benadering ontwerpt Philippe Wolfers (1858–1929) *Gioconda*, een eetkamer gebaseerd op het principe van de twaalfhoek dat wordt toegepast op het zilversmeedwerk, het meubilair en het tapijt. In de Galerie des Invalides trekt het Kantoor-rookkamer van Huib Hoste (p.60) en Victor Servranckx (1897–1965) de aandacht met zijn pure lijnen en het onderhoudsgemak dat het suggereert. Architect en interieurontwerper Léon Sneyers (1877–1948) richt de begane grond van het Grand Palais in. Ook plannen en maquettes van projecten van Belgische architecten als Louis-Herman De Koninck (1896–1984) en Victor Bourgeois (1897–1962) worden tentoongesteld. De Belgische aanwezigheid gaat in elk geval niet onopgemerkt voorbij.

De Tentoonstelling van 1925 gaf niet alleen haar naam aan de art-decostijl maar effende ook het pad voor de eerste uitingen van het modernisme.

EN

In 1925, Paris hosts the International Exhibition of Modern Decorative and Industrial Arts. Seeking to promote the aesthetic renewal of French applied arts, the theme chosen is *The way of living in the modern world*. A real popular success, several million visitors flock to the esplanade des Invalides on the outskirts of the Grand Palais to discover a hundred or so pavilions.

But in the aftermath of the First World War, some artists and architects criticise the event as a luxury debauchery. One of these detractors, Le Corbusier, nevertheless presents the *Pavillon de l'Esprit Nouveau* furnished with his *Casiers Standards* (standard lockers), decorated with paintings by Fernand Léger (1881–1955) and furnished with Thonet *B09* armchairs and Doctor Pascaud's *Le Surrepos* seat. While Pierre Chareau's (1883–1950) modular Study-library still bears witness to a dialogue between tradition and modernity, Francis Jourdain's Smoking room for the French Embassy, the Pavillon du tourisme and the cubist trees designed by Robert Mallet-Stevens (1886–1945) illustrate a new formal grammar.

Some twenty European nations take part in the Exhibition and Belgium, which was given pride of place, occupies a pavilion designed by the architect Victor Horta (1861–1947). In a conceptual approach, Philippe Wolfers (1858–1929) designs *Gioconda*, a dining room based on the principle of the dodecagon applied to silverware, furniture and carpet. At the Galerie des Invalides, Huib Hoste (p.60) and Victor Servranckx's (1897–1965) Study-smoking room attracts particular attention with its pure lines and the ease of maintenance it suggests. The architect and designer Léon Sneyers (1877–1948) decorates the ground floor of the Grand Palais. Plans and models of projects by Belgian architects such as Louis-Herman De Koninck (1896–1984) and Victor Bourgeois (1897–1962) are also on display. In short, the Belgian presence does not pass unnoticed.

The 1925 Exhibition will have given its name to the Art déco style as much as it paved the way for the first expressions of modernism.

[fig.43] Affiche/affiche/poster, Exposition internationale des Arts décoratifs et industriels modernes de Paris, Robert Bonfils (1925)

[43]

CHAUFFEUSE / LAGE FAUTEUIL / LOW CHAIR
CHÊNE NOIRCI, TISSU / GEZWARTE EIK, STOF / BLACKENED OAK, CANVAS
1930

FR

Huib Hoste n'est pas le seul architecte de sa génération à concevoir du mobilier durant les années 1920. Diplômé de l'Université de Gand, cet architecte et urbaniste a d'abord réalisé une trentaine de projets architecturaux dans un style néo-gothique. Durant la Première Guerre mondiale, il s'exile aux Pays-Bas où il découvre l'architecture moderniste avec l'École d'Amsterdam et le mouvement *De Stijl*. Au lendemain du conflit, il participe à la reconstruction de la Belgique en réalisant des cités-jardins comme celle de Zelzate (1921).

Architecte engagé, il est l'un des membres fondateurs des Congrès Internationaux d'Architecture Moderne (CIAM) en 1928 dont l'objectif est la promotion d'une architecture fonctionnelle. Déjà en 1924, le docteur Raymond De Beir lui commande l'aménagement du Bureau-fumoir de la Villa Gudrun, réalisé en collaboration avec le peintre abstrait Victor Servranckx dont l'ensemble est présenté à l'Exposition internationale des Arts décoratifs et industriels modernes de Paris (p.58).

Pierre d'angle de l'architecture moderne en Flandre, la Maison Noire, réalisée à Knokke un an plus tôt, prend des allures d'usine avec sa structure en béton armé, ses plans horizontaux et verticaux et sa façade noire ajourée de fenêtres blanches. À côté des toiles de Victor Servranckx, la conception des espaces, la décoration intérieure et le mobilier intégré font de la villa une œuvre d'art totale. Dans le salon polychrome de la Maison Geerardijn à Bruges (1927), le contraste de rouge, de jaune, de vert et de bleu de même que l'agencement des volumes témoignent de l'influence du mouvement *De Stijl.*

L'évolution des meubles d'Huib Hoste suivra celle de son architecture. À la sévérité des débuts, se substituera un mobilier rationnel et pur dont les couleurs primaires rappellent celles employées par Gerrit Rietveld (1888–1964) et révèlent le triomphe de l'avant-garde et du modernisme.

[45]

[46]

[fig.45] Huib Hoste
[fig.46] Maison/woning/house Gustaaf Haegens (Zele, 1931–1933)
[fig.47] Projet d'aménagement intérieur/ontwerp van binnenhuisinrichting/ interior design project (dessin/tekening/ drawing, non-daté/ ongedateerd/undated)
[fig.48] Aménagement Boel/ meubelinrichting Boel/ Boel furnishing (date inconnue/onbekende datum/unknown date)

NL

Huib Hoste is niet de enige architect van zijn generatie die tijdens de jaren 1920 meubilair ontwerpt. Na af te studeren aan de Universiteit van Gent ontwerpt deze architect en stedenbouwkundige een dertigtal architecturale projecten in neogotische stijl. Tijdens de Eerste Wereldoorlog vlucht hij naar Nederland, waar hij kennismaakt met de modernistische architectuur van de School van Amsterdam en met de beweging *De Stijl*. Na de oorlog helpt hij mee aan de heropbouw van België door tuinwijken te ontwerpen, zoals die van Zelzate (1921).

Als geëngageerd architect is hij een van de oprichters van de Congrès Internationaux d'Architecture Moderne in 1928, een organisatie ter bevordering van de functionele architectuur. In 1924 geeft de arts Raymond De Beir hem de opdracht voor de inrichting van het Kantoor-rookkamer van zijn Villa Gudrun, gebouwd in samenwerking met de abstracte schilder Victor Servranckx; diens ensemble wordt voorgesteld op de Internationale Tentoonstelling van Moderne Decoratieve en Industriële Kunst in Parijs (p.58).

Het Zwarte Huis, dat een jaar eerder in Knokke was gebouwd en de hoeksteen van de modernistische architectuur in Vlaanderen is, heeft iets weg van een fabriek, met zijn structuur in gewapend beton, zijn horizontale en verticale vlakken en zijn zwarte, met witte ramen opengewerkte gevel. Behalve de schilderijen van Victor Servranckx maken ook het ontwerp van de ruimten, de binnenhuisinrichting en het ingebouwde meubilair van de villa een totaalkunstwerk. In het polychrome salon van Huis Geerardijn in Brugge (1927) getuigen het contrast van rood, geel, groen en blauw en de indeling van de ruimten van de invloed van de beweging *De Stijl*.

De evolutie van de meubelen van Huib Hoste houdt gelijke tred met die van zijn architectuur. De strakheid van zijn beginperiode maakt gaandeweg plaats voor een rationeel en puur meubilair waarvan de primaire kleuren aan die van Gerrit Rietveld (1888–1964) doen denken en die tekenend zijn voor de triomf van de avant-garde en het modernisme.

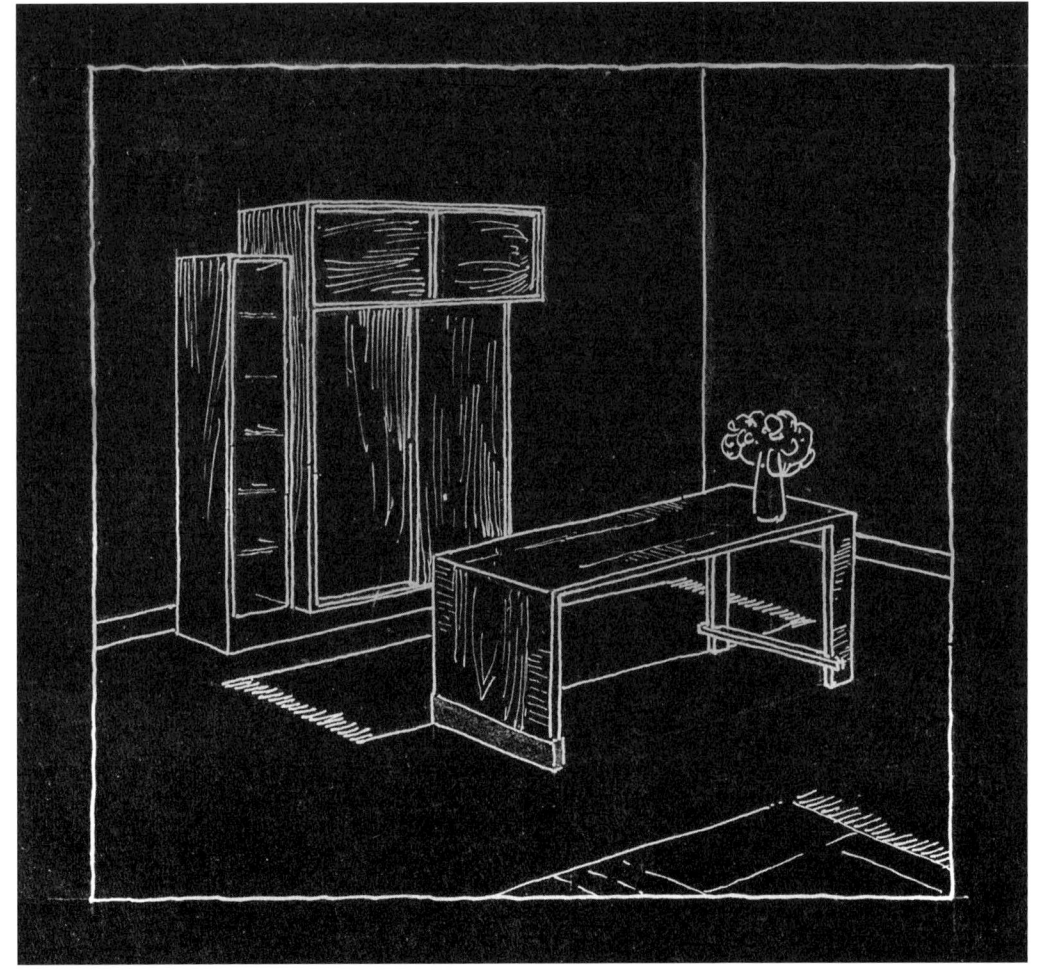

[47]

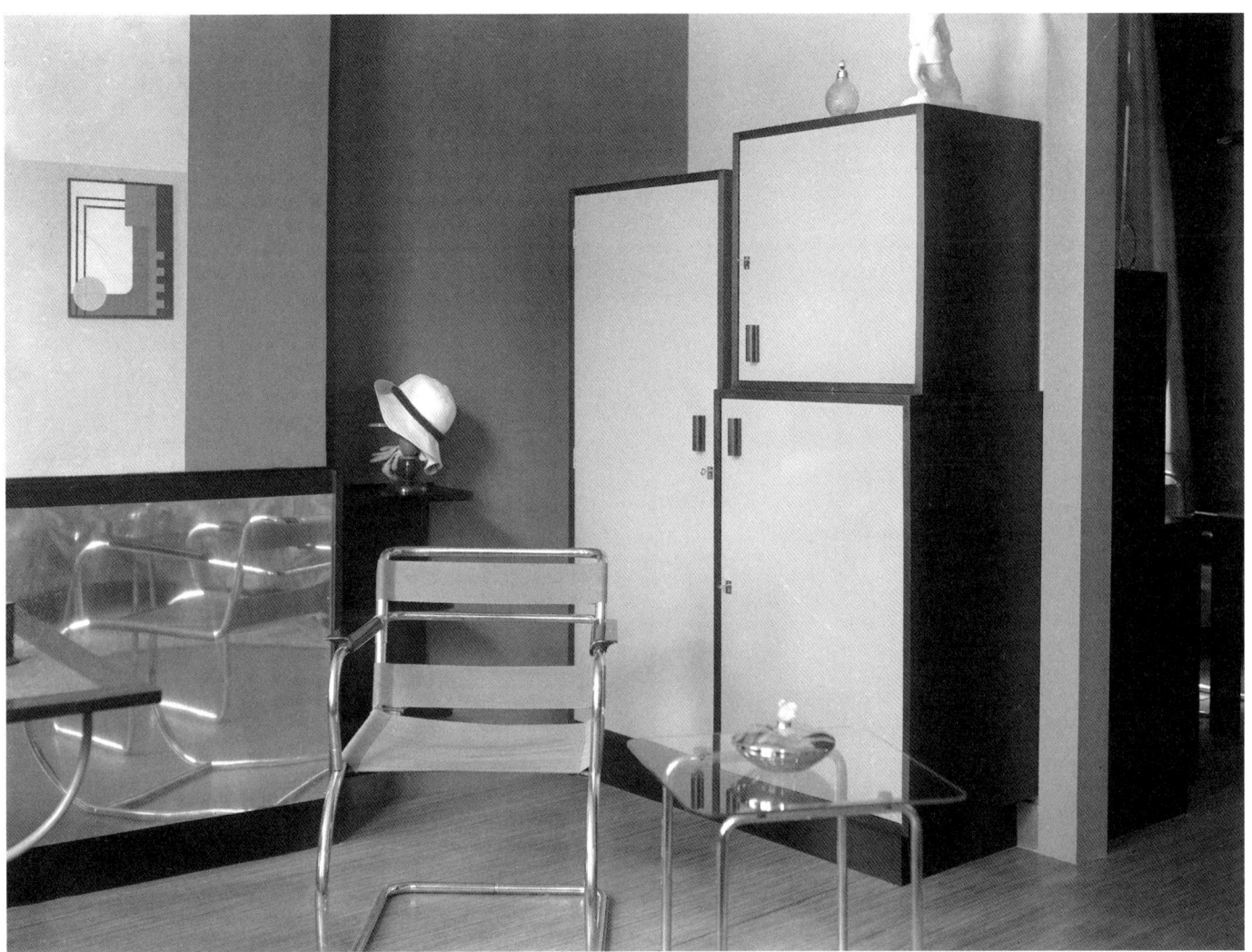

[48]

EN

Huib Hoste is not the only architect of his generation to design furniture during the 1920s. As a graduate of Ghent University, this architect and urban planner first realises about thirty architectural projects in a neo-gothic style. During the First World War, he goes into exile in the Netherlands where he discovers modernist architecture with the Amsterdam School and the *De Stijl* movement. In the aftermath of the conflict, he helps to reconstruct Belgium by building garden cities such as that of Zelzate (1921).

As a committed architect, he is one of the founding members of the International Congresses of the Modern Architecture in 1928, the purpose of which is to promote functional architecture. In 1924, Dr Raymond De Beir commissions him to design the Study-smoking room of his Villa Gudrun in collaboration with the abstract painter Victor Servranckx whose ensemble is exhibited at the International Exhibition of Modern Decorative and Industrial Arts in Paris (p.58).

The cornerstone of modern architecture in Flanders, the Black House, which had been built in Knokke the previous year takes on the appearance of a factory with its reinforced concrete structure, its horizontal and vertical plans and its black facade with white windows. In addition to the paintings of Victor Servranckx, the design of the spaces, the interior decoration and the integrated furniture make the villa a total work of art. In the polychrome salon of the Geerardijn House in Bruges (1927), the contrast of red, yellow, green and blue and the arrangement of the volumes are evidence of *De Stijl* movement's influence.

The evolution of Huib Hoste's furniture follows that of his architecture. The harshness of the early days has been replaced by rational and pure furniture whose primary colours recall those used by Gerrit Rietveld (1888–1964) and reveal the triumph of the avant-garde and modernism.

XAVIER LUST 1969

PASO DOBLE
PORTE-PARAPLUIES / PARAPLUBAK / UMBRELLA HOLDER
POLYÉTHYLÈNE / POLYETHYLEEN / POLYETHYLENE
2004

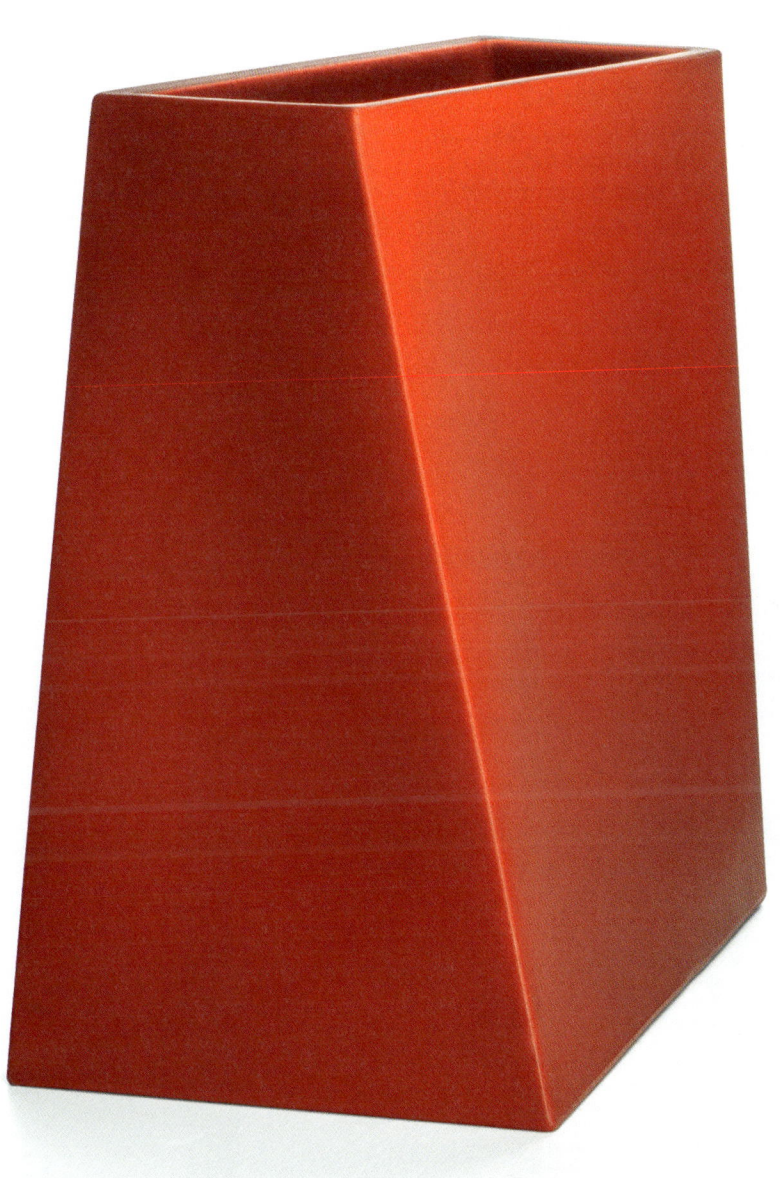

FR

Le designer Xavier Lust étudie l'architecture d'intérieur à l'Institut Saint-Luc de Bruxelles. Il y confectionne le paravent *Paradoxe Mobile* (1990) en acier inoxydable brossé qui impressionne ses professeurs. Il assemble ses premières pièces comme le tabouret *Dyane* (1989), à partir de matériaux de récupération.

En 1992, Xavier Lust ouvre son studio de design à Bruxelles. Passionné par la matière, il développe dès 1999 une technique innovante de pliage du métal en collaboration avec un atelier liégeois. Ce procédé de «(dé)formation de surfaces métalliques», qui confère des lignes ondulantes aux pièces, permet de donner du volume à de fines couches de métal sans recourir à l'utilisation d'un moule.

Dès lors, il l'applique pour *Le Banc* [fig.51], une pièce en aluminium anodisé éditée par MDF Italia, mais aussi au cabinet *Crédence* (2002) pour De Padova et à la table et ses sièges intégrés *Piknik* [fig.52], réalisée dans une seule plaque d'aluminium avec Dirk Wynants (né en 1964) pour Extremis. Ces collaborations avec des labels de renommée internationale forgent sa notoriété. Son travail expérimental lui vaut le prix Compasso d'Oro pour *La Grande Table* en 2004.

Si Xavier Lust s'intéresse toujours à une production industrielle pour une diffusion mondiale comme à ses débuts, *T chair* (1999) et *Bee Chair* (2017), sa production de pièces en séries limitées est de plus en plus conséquente: *Archiduchaise* (2004–2007) et les consoles en laiton *Oudjat* [fig.53] et *Console Bijou* (2019). Cela ne modifie en rien le fondement de ses techniques de production basées sur la recherche de fonctionnalité, d'innovation et de contrainte de la matière.

Le métal étant son matériau de prédilection, le designer sort des sentiers battus avec *Paso Doble* [fig.49] pour Driade. Dans un mouvement de spirale, le porte-parapluies torsadé rouge en polypropylène est un des seuls accessoires qu'il a produit dans une autre matière que le métal, mais il procède d'une même recherche de déformation de surface. Qu'importe sa nature, Xavier Lust domptera la matière.

[50]

[51]

[fig.50] Xavier Lust
[fig.51] *Le Banc* (2001)
[fig.52] *Piknik* (2003)
[fig.53] *Oudjat* (2015)

NL

Designer Xavier Lust studeert interieurarchitectuur aan het Sint-Lukasinstituut van Brussel. Hij vervaardigt er het kamerscherm *Paradoxe Mobile* (1990) in geborsteld roestvrij staal, een werk dat indruk maakt op zijn docenten. Hij creëert zijn eerste stukken, waaronder het krukje *Dyane* (1989), met recuperatiematerialen.

In 1992 opent Xavier Lust zijn eigen designstudio in Brussel. Vanuit zijn passie voor materialen ontwikkelt hij vanaf 1999 samen met een Luikse werkplaats een vernieuwende techniek om metaal te plooien. Dit procedé voor de "(mis)vorming van metalen oppervlakken", dat de stukken golvende lijnen geeft, maakt het mogelijk volume te geven aan fijne lagen metaal zonder gebruik te maken van een mal.

Lust past dit procedé toe op *Le Banc* [fig.51], een werk in geanodiseerd aluminium uitgegeven door MDF Italia, en op de kast *Crédence* (2002) voor De Padova en op de tafel-zitcombinatie *Piknik* [fig.52], die uit één aluminiumplaat is vervaardigd samen met Dirk Wynants (geboren in 1964) van Extremis. Deze samenwerkingen met internationaal bekende labels dragen bij tot zijn faam. In 2004 werd zijn experimenteel werk met *La Grande Table* bekroond met de Compasso d'Oro prijs.

Hoewel Xavier Lust vasthoudt aan een industriële productie voor een mondiale verspreiding zoals in zijn beginjaren, *T chair* (1999) en *Bee Chair* (2017), neemt ook zijn productie van stukken in een beperkte oplage toe, zoals *Archiduchaise* (2004–2007) en de consoletafels in messing *Oudjat* [fig.53] en *Console Bijou* (2019). Maar de grondslag van zijn productietechnieken, gebaseerd op een zoektocht naar functionaliteit, innovatie en de beperkingen van de materie, blijft evenwel ongewijzigd.

Hoewel metaal zijn lievelingsmateriaal blijft, verlaat Xavier Lust de platgetreden paden met *Pase Doble* [fig.49] voor Driade. Deze spiraalvormig gedraaide rode parapluhouder in polypropyleen is een van de enige accessoires die hij in een ander materiaal heeft geproduceerd. Welke ook haar natuur is, Xavier Lust moet en zal de materie temmen.

[52]

[53]

EN

The designer Xavier Lust studies interior design at the Institut Saint-Luc in Brussels, where he creates the *Paradoxe Mobile* screen (1990) in brushed stainless steel, which impresses his teachers. He assembles his first pieces, for example the *Dyane* stool (1989), from recycled materials.

In 1992, Xavier Lust opens his design studio in Brussels. Fascinated by the material, in 1999 he develops an innovative technique for bending metal in collaboration with a workshop in Liège. This process of "(de)formation of metal surfaces", which gives undulating lines to the pieces, makes it possible to give volume to thin layers of metal without the use of a mould.

From then on, he applies it to *Le Banc* [fig.51], an anodised aluminum work published by MDF Italia, but also to the cabinet *Crédence* (2002) for De Padova and to the table and its integrated seats *Piknik* [fig.52] made from a single aluminum plate with Dirk Wynants (born in 1964) for Extremis. These collaborations with internationally renowned labels forge his reputation. His experimental work earns him the Compasso d'Oro award for *La Grande Table* in 2004.

Although Xavier Lust is still interested in industrial production for worldwide distribution, as in his early days, *T chair* (1999) and *Bee Chair* (2017), his production of limited edition pieces is becoming increasingly important: *Archiduchaise* (2004–2007) and the brass consoles *Oudjat* [fig.53] and *Console Bijou* (2019), which does not alter the foundation of his production techniques based on the search for functionality, innovation and the constraint of the material.

With metal being his preferred material, Xavier Lust is going off the beaten track with *Paso Doble* [fig.49] for Driade. In a spiral movement, this red twisted polypropylene umbrella holder is one of the only accessories he produced in a different material but which proceeds from the same search for surface deformation. Whatever its nature, Xavier Lust will tame the material.

ALU CHAIR
CHAISE / STOEL / CHAIR
STRUCTURE EN ALUMINIUM VERNI, ASSISE THERMOLAQUÉE / STRUCTUUR VAN GELAKT ALUMINIUM, GEPOEDERCOATE ZITTING / ALUMINUM VARNISHED FRAME, POWDER COATED FINISH SEAT
2015

FR

Fondé en 2011, Muller Van Severen est le nom choisi par le couple-duo formé par Fien Muller et Hannes Van Severen. Fien est photographe et sculptrice ; Hannes est sculpteur et fils du designer Maarten Van Severen (p.98). Le binôme porte une attention particulière aux matériaux (cuir, marbre, acier, polyéthylène, émail et laiton) et aux associations de couleurs. Leurs créations minimalistes sont conçues comme des «paysages de vie» à l'intersection de l'art et du design. Leur première collaboration remonte à 2001 avec la conception d'une ligne design, déjà appelée Muller Van Severen, pour la valerie_traan gallery à Anvers.

En 2012, le duo présente sa première chaise, appelée sobrement *first chair*, dans le cadre de la Biennale Intérieur à Courtrai. Cette création qui fait partie des *Future Primitives series* résume à elle seule le langage du duo qui joue sur l'association et la fusion de divers matériaux et éléments pour former un seul ensemble. Avec cet objet, Muller Van Severen exploitent l'esthétique de leur première exposition en utilisant des structures en acier en forme de "L" qui seront déclinées dans d'autres séries de chaises par la suite, comme la *Alu Chair* [fig.54].

Cette chaise est une version industrielle de la *Chair 2* créée par le duo pour le pavillon du Bahreïn lors de l'Exposition Universelle à Milan en 2015. La *Alu Chair*, fabriquée en aluminium, se prête à un usage aussi bien intérieur qu'extérieur grâce à un traitement à la cire d'abeille et à une laque de protection anti-UV. La chaise, disponible en seize combinaisons de couleurs, permet de personnaliser son environnement et d'influer, par le choix des coloris, sur l'atmosphère des espaces.

[55]

[56]

[fig.55] Fien Muller
& Hannes Van Severen
[fig.56] *Muller-Van Severen Cutlery*
(2018)
[fig.57] *First rocking chair
green-leather* (2015)
[fig.58] *Hanglamp n°2* (schéma/
schema/diagram, 2015)

NL

Muller Van Severen, dat in 2011 werd opgericht, is de naam van het partnerduo Fien Muller en Hannes Van Severen. Fien is fotografe en beeldhouwster, Hannes is beeldhouwer en zoon van de designer Maarten Van Severen (p.98). Het partnerschap hecht bijzonder veel belang aan materialen (leer, marmer, staal, polyethyleen, email en messing) en aan kleurencombinaties. Hun minimalistische creaties zijn opgevat als "levenslandschappen" op het snijvlak tussen kunst en design. Hun eerste samenwerking dateert van 2001, met het ontwerp van een designlijn die toen al Muller Van Severen heet, voor de valerie_traan gallery in Antwerpen.

In 2012 stelt het duo in het kader van de Interieurbiënnale van Kortrijk zijn eerste stoel voor, eenvoudigweg *first chair* genoemd. Deze creatie, die deel uitmaakt van de *Future Primitives series*, vat in haar eentje de taal van het duo samen, spelend met de associatie en versmelting van diverse materialen en elementen die één enkel geheel vormen. Met dit object bouwt Muller Van Severen voort op de esthetiek van hun eerste tentoonstelling door te werken met "L"-vormige stalen structuren die later in andere reeksen stoelen terugkeren, zoals de *Alu Chair* [fig.54].

Deze stoel is een industriële versie van de *Chair 2* die het duo creëert voor het paviljoen van Bahrein op de Wereldtentoonstelling van 2015 in Milaan. De *Alu Chair* is gemaakt van aluminium en is geschikt voor gebruik binnen- en buitenshuis dankzij een behandeling met bijenwas en een beschermende anti-UV-lak. De stoel is beschikbaar in zestien kleurencombinaties en laat de gebruikers toe een persoonlijke toets te geven aan hun omgeving en via de keuze van kleurencombinaties de sfeer van de ruimte te bepalen.

[57]

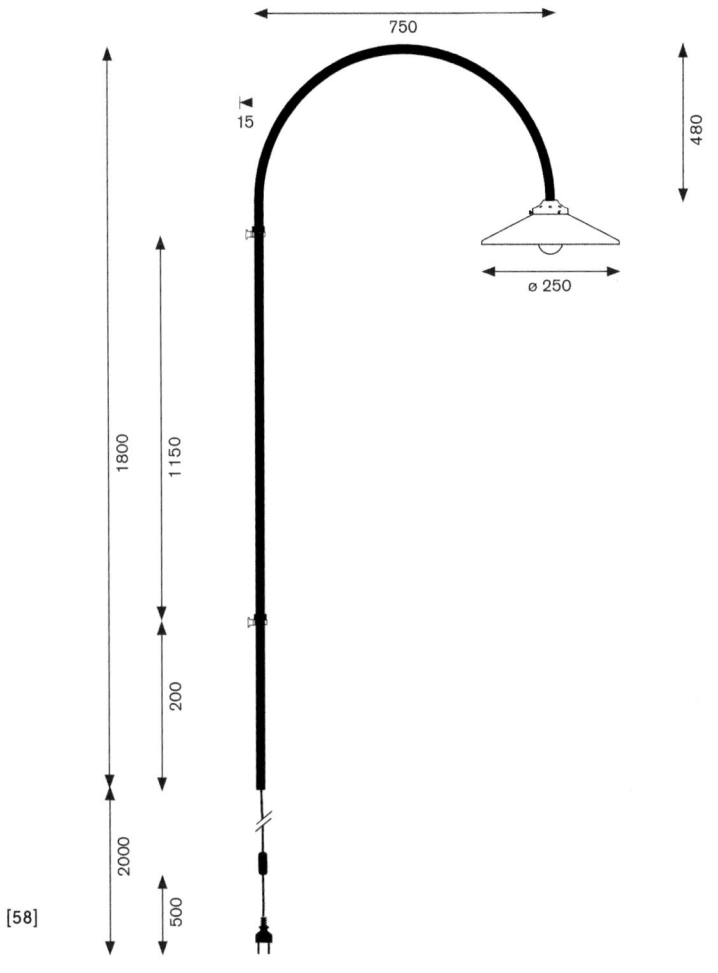

[58]

EN

Founded in 2011, Muller Van Severen is the name chosen by the duo-couple formed by Fien Muller and Hannes Van Severen. Fien is a photographer and sculptor. Hannes is a sculptor and the son of the designer Maarten Van Severen (p.98). The tandem pays particular attention to materials (leather, marble, steel, polyethylene, enamel and brass) and to colour combinations. Their minimalist creations are conceived as "landscapes of life" at the intersection of art and design. Their first collaboration goes back to 2001 with the conception of a line, already called Muller Van Severen, for the valerie_traan gallery in Antwerp.

In 2012, the tandem presents its first chair, simply called *first chair,* on the occasion of the Biennale Interieur in Kortrijk. This creation, which is part of the *Future Primitives series,* sums up the duo's language, which plays on the association and the fusion of various materials and elements forming a single whole. With this object, Muller Van Severen exploit the aesthetics of their first exhibition by using "L"-shaped steel structures that will later be used in other series of chairs, such as the *Alu Chair* [fig.54].

This chair is an industrial version of the *Chair 2* created by the duo for the Bahrain pavilion at the 2015 World Expo in Milan. The *Alu Chair* is made of aluminum and is suitable for indoor as well as outdoor use thanks to a beeswax treatment and a UV protective lacquer. The chair, available in sixteen colour combinations, allows the users to personalize their environment and influence the atmosphere of the spaces through the choice of colours.

GUSTAVE SERRURIER-BOVY 1858–1910

BACH
LUSTRE / LUSTER / CHANDELIER
LAITON, VERRE OPALESCENT, ACAJOU / MESSING, OPAALACHTIG GLAS, MAHONIE / BRASS, OPALESCENT GLASS, MAHOGANY
CA 1903

FR

Gustave Serrurier-Bovy est à la fois architecte, décorateur, designer, théoricien, commerçant et industriel. Durant sa formation en architecture à l'Académie des Beaux-Arts de Liège, il suit un apprentissage au sein de l'entreprise en bâtiment de son père. Cette expérience du monde ouvrier forge en lui de profondes convictions sociales.

Dès 1879, il exerce la profession d'architecte pendant dix ans avant de se consacrer à la conception de meubles. Lors d'un séjour en Angleterre en 1892, il prend connaissance du mouvement *Arts & Crafts* qui est à l'origine de sa réflexion théorique au même titre que la découverte de la pensée de l'architecte français Eugène Viollet-le-Duc (1814–1879). Deux ans plus tard, il présente un Cabinet de travail au Salon de la Libre Esthétique de Bruxelles, qui y fait sensation, et l'année suivante une Chambre d'artisan accompagnée d'une note adressée aux «exclus de la vie intellectuelle».

Gustave Serrurier-Bovy marque les esprits par ce geste militant qui suggère qu'en plus du mobilier, l'art doit être accessible à tous. À la même époque, la société de meubles liégeoise Serrurier-Bovy ouvre des magasins à Bruxelles (1896), Paris (1900), La Haye (1902) puis Nice (1905). Associé à l'architecte français René Dulong (1860–1944), il est chargé de la décoration et de la conception du mobilier du *Pavillon Bleu* de l'Exposition Universelle de Paris en 1900. Trois ans plus tard, la création de leur société, Serrurier et Cie [fig.61], marque le début d'une nouvelle période de production riche d'une dizaine d'ensembles de meubles. Les salles à manger portent le nom de fleurs (*Marguerite*, *Tulipe*), les salons de compositeurs (*Liszt*, *Bach*) et les chambres de minéraux (*Silex* [fig.63], *Perle*).

Tout en évoluant vers une production en série et industrialisée, Gustave Serrurier-Bovy continue de réaliser du mobilier de luxe comme en atteste l'ensemble *Bach* [fig.62]. Le lustre issu de cet ensemble [fig.59] caractérise l'évolution du langage formel du designer vers un vocabulaire qui le positionne avec évidence en précurseur du modernisme.

[60]

[61]

[fig.60] Gustave Serrurier-Bovy
[fig.61] Affiche publicitaire/
         reclameposter/advertising
         poster (ca 1905)
[fig.62] Ensemble/meubilair/
         furniture *Bach*, publicité/
         reclame/advertising
         (ca 1905)
[fig.63] Chaise/stoel/chair *Silex*
         (ca 1905)

NL

Gustave Serrurier-Bovy is tegelijk architect, interieurontwerper, designer, architectuurtheoreticus, handelaar en industrieel. Gedurende zijn architectuuropleiding aan de Academie voor Schone Kunsten van Luik volgt hij een stage in het bouwbedrijf van zijn vader. Deze ervaring met de arbeiderswereld draagt bij tot zijn sterke sociaal bewustzijn.

Vanaf 1879 oefent hij gedurende tien jaar het beroep van architect uit, alvorens over te stappen naar het meubelontwerp. Tijdens een verblijf in Engeland maakt hij kennis met de *Arts and Crafts* beweging die aan de basis ligt van zijn theoretische visie, net als zijn ontdekking van het gedachtegoed van de Franse architect Eugène Viollet-le-Duc (1814–1879). Twee jaar later stelt hij in de Brusselse Salon de la Libre Esthétique een Werkvertrek voor dat sensatie veroorzaakt, en het jaar daarop een Handwerksmankamer, begeleid van een nota gericht aan de "verstoten van het intellectuele leven".

Gustave Serrurier-Bovy maakt indruk met dit militante gebaar, dat aangeeft dat niet alleen meubilair maar ook kunst voor iedereen toegankelijk moet zijn. Rond diezelfde tijd opent het Luikse meubelbedrijf Serrurier-Bovy winkels in Brussel (1896), Parijs (1900), Den Haag (1902) en Nice (1905). Met de Franse architect René Dulong (1860–1944) als vennoot krijgt hij de opdracht het interieur en het meubilair van het *Pavillon Bleu* op de Wereldtentoonstelling van Parijs in 1900 te ontwerpen. Drie jaar later begint met de oprichting van hun bedrijf Serrurier et Cie [fig.61] een nieuwe periode van grote productiviteit, waarbij een tiental meubelsets worden ontworpen. De eetkamers krijgen namen van bloemen (*Marguerite, Tulipe*), de salons van componisten (*Liszt, Bach*) en de slaapkamers van mineralen (*Silex* [fig.63], *Perle*).

Terwijl hij in de richting van een geïndustrialiseerde massaproductie evolueert, blijft Gustave Serrurier-Bovy ook luxemeubilair ontwerpen, zoals blijkt uit het ensemble *Bach* [fig. 62]. De kroonluchter uit dit ensemble [fig.59] kenmerkt de evolutie van de vormentaal van de designer naar een taal die hem duidelijk tot een voorloper van het modernisme maakt.

[62]

[63]

EN

Gustave Serrurier-Bovy is an architect, decorator, designer, theoretician, trader and businessman. During his training in architecture at the Academy of Fine Arts in Liège, he completes an apprenticeship in construction in his father's construction company. This experience of the working class world forges deep social convictions in him.

Starting from 1879, he works as an architect during ten years before focusing on the design of furniture. During a stay in England, he discovers the Arts & Crafts movement which is at the root of his theoretical reflection, just like his discovery of the ideas of the French architect Eugène Viollet-le-Duc (1814–1879). Two years later, he presents a Study at the *Salon de la Libre Esthétique* in Brussels, where it causes a stir, and the following year a Craftsman Room accompanied by a note addressed to "those excluded from intellectual life".

Gustave Serrurier-Bovy marks the spirits with this militant gesture that suggests that, in addition to furniture, art must be accessible to everyone. At the same time, the furniture company Serrurier-Bovy based in Liège opens stores in Brussels (1896), Paris (1900), The Hague (1902) then Nice (1905). Associated with the French architect René Dulong (1860–1944), he is in charge of the decoration and design of the furniture for the *Pavillon Bleu* at the Universal Exhibition in Paris in 1900. Three years later, the creation of their company Serrurier et Cie [fig.61] marks the beginning of a new, highly productive period with ten sets of furniture. The dining rooms are named after flowers (*Marguerite, Tulipe*), the salons after composers (*Liszt, Bach*) and the bedrooms after minerals (*Silex* [fig.63], *Perle*).

While evolving towards a mass and industrialised production, Gustave Serrurier-Bovy continues making luxury furnishings as evidenced by the ensemble *Bach* [fig.62]. The chandelier derived from this ensemble [fig.59] characterises the evolution of the designer's formal language towards a vocabulary that positions him firmly as a precursor of modernism.

SL58
CHAISE / STOEL / CHAIR
CONTREPLAQUÉ, ACIER CHROMÉ / MULTIPLEX, VERCHROOMD STAAL / PLYWOOD, CHROMED STEEL
1958

FR

Issu d'un milieu artistique, l'architecte, urbaniste et designer Léon Stynen suit une formation d'architecte à l'Académie des Beaux-Arts d'Anvers de 1915 à 1922. Son premier projet primé, un monument commémoratif à Knokke (1921), lance sa carrière. Il réalise ensuite des logements, des immeubles et des boutiques pour une clientèle bourgeoise dans un style classique et parfois Art déco.

En 1925, il découvre l'avant-garde avec le *Pavillon de l'Esprit Nouveau*, la maison modèle du Corbusier à l'Exposition internationale des Arts décoratifs et industriels modernes de Paris. Cet événement marque un tournant décisif dans sa vision de l'architecture: de retour en Belgique, il étudie les écrits du Corbusier et s'approprie les préceptes du modernisme pour en restituer une interprétation personnelle.

Si son projet de casino à Knokke (1928) montre encore quelques hésitations pour rompre avec la tradition, d'autres constructions se basent sur un véritable langage moderniste comme sa maison privée (1933) et plus tard le BP Building [fig.67] – immeuble de bureaux dont la construction repose sur des façades suspendues à la cage en béton centrale – tous deux construits à Anvers ainsi que le Conservatoire Royal [fig.68], actuel centre culturel deSingel.

Ses réalisations explorent les possibilités qu'offrent de nouveaux matériaux tels le béton ou la pierre naturelle, comme en témoigne la façade de la Maison Van Thillo à Ekeren (1938). Il remportera le prix d'architecture Van de Ven pour ce projet. En 1939, il réalise le pavillon belge de l'Exposition universelle de New-York avec Henry van de Velde (1863–1957) et Victor Bourgeois. À partir de 1937, il enseigne l'architecture à l'Académie d'Anvers et il devient sous-directeur du département au bout de dix ans. Il dirige ensuite l'Institut supérieur des arts décoratifs de La Cambre à Bruxelles de 1950 à 1964.

À l'Exposition Universelle de Bruxelles, il s'illustre autant par la couverture moderniste de la façade du Palais 5 que par la chaise *SL 58* [fig.64]. Avec son assistant Paul de Meyer (1922–2012), il conçoit un siège simple, élégant et empilable, composé d'une assise préformée en contreplaqué qui repose sur un piètement en acier tubulaire. Distribué par l'éditeur anversois Loral & Elsmoortel, l'unique élément de mobilier de sa carrière retranscrit ses recherches architecturales entre modernisme et fonctionnalisme.

[65]

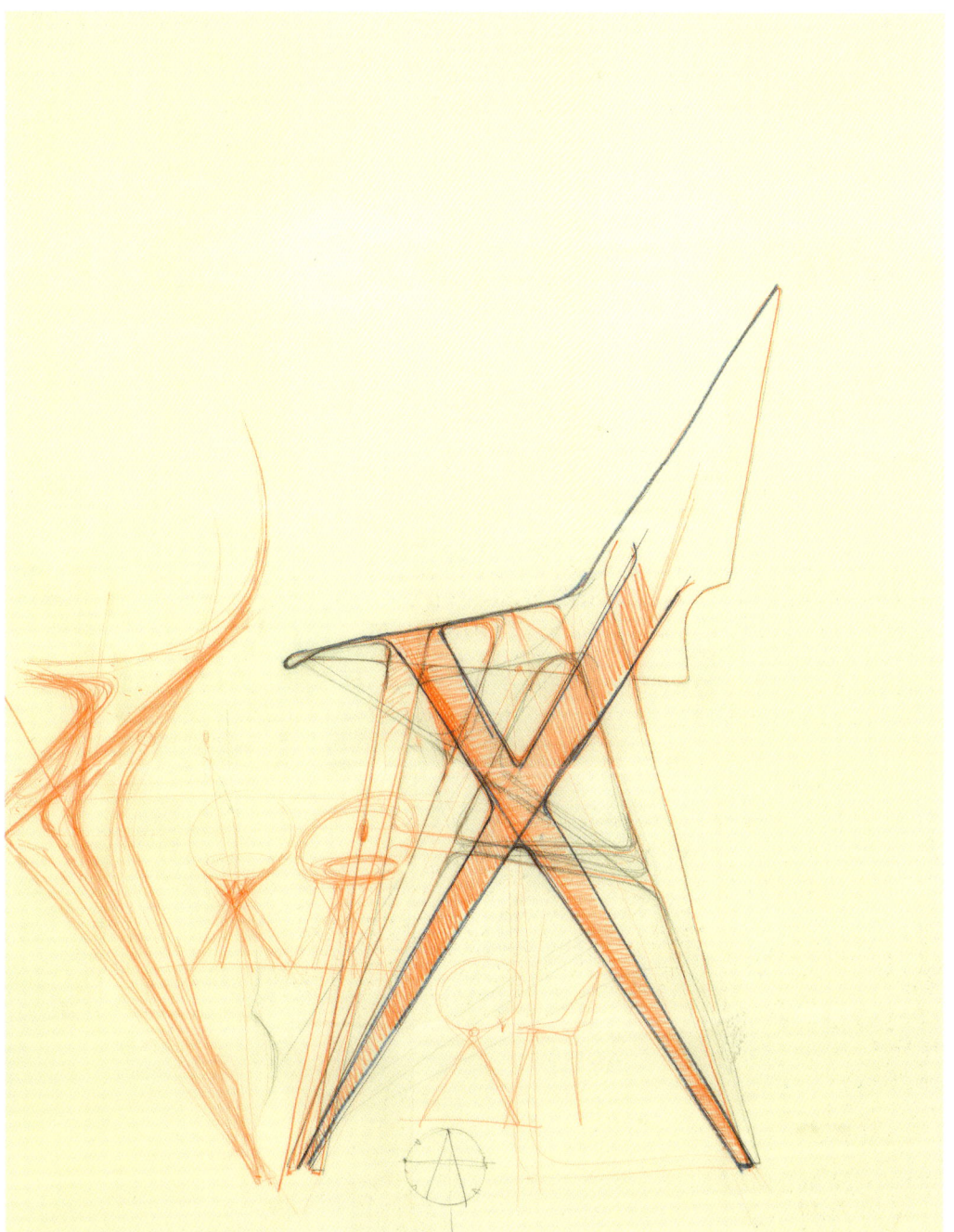

[66]

[fig.65] Léon Stynen
[fig.66] *SL 58,* Léon Stynen, Paul De Meyer & Paul Meekels (croquis/schets/sketch, ca 1958)
[fig.67] BP Building, Léon Stynen, Paul De Meyer & Joseph Reusens (1962)
[fig.68] Conservatoire Royal de musique Flamand/ Koninklijk Vlaams Muziekconservatorium/ Royal Flemish Music Conservatory, Léon Stynen & Paul De Meyer (ca 1968)

NL

De uit een artistiek milieu afkomstige architect, stedenbouwkundige en designer Léon Stynen volgt een architectuuropleiding aan de Academie voor Schone Kunsten van Antwerpen (1915–1922). Zijn eerste bekroonde project, een herdenkingsmonument in Knokke (uitgevoerd in 1921), is het startpunt van zijn carrière. Nadien ontwerpt hij woningen, gebouwen en winkels in een klassieke stijl, soms in art-decostijl, voor een burgerlijke klantenkring.

In 1925 maakt hij kennis met de avant-garde via het *Pavillon de l'Esprit Nouveau*, het modelhuis van Le Corbusier op de Internationale Tentoonstelling van Moderne Decoratieve en Industriële Kunst in Parijs. Deze gebeurtenis brengt een ommekeer teweeg in zijn visie op architectuur: terug in België bestudeert hij de teksten van Le Corbusier en maakt hij zich de voorschriften van het modernisme eigen, om er een persoonlijke interpretatie aan te geven.

Daar waar zijn ontwerp voor een casino in Knokke (1928) nog niet ten volle breekt met de traditie, zijn andere van zijn constructies gebaseerd op een heuse modernistische taal, zoals zijn privéhuis (1933) en later de BP Building [fig.67] – een kantoorgebouw waarvan de gevels zijn opgehangen aan een centrale betonnen koker – allebei in Antwerpen, evenals het Koninklijk Conservatorium [fig.68], het huidige kunstencentrum deSingel.

Zijn werk verkent de mogelijkheden van nieuwe materialen zoals beton en natuursteen, zoals blijkt uit de gevel van Huis Van Thillo in Ekeren (1938), waarmee hij de architectuurprijs Van de Ven behaalt. In 1939 ontwerpt hij samen met de architecten Henry van de Velde (1863–1957) en Victor Bourgeois (1897–1962) het Belgisch paviljoen voor de Wereldtentoonstelling van New York. Vanaf 1937 doceert hij architectuur aan de Academie van Antwerpen, waar hij onderdirecteur van de afdeling Architectuur wordt. Vervolgens leidt hij van 1950 tot 1964 het Institut Supérieur des Arts Décoratifs de La Cambre in Brussel.

Op de Wereldtentoonstelling van Brussel valt hij op met zowel de modernistische bekleding van de gevel van Paleis 5 als de stoel *SL 58* [fig.64]. Met zijn assistent Paul De Meyer (1922–2012) ontwerpt hij een eenvoudige, elegante en stapelbare stoel met een zitschelp in multiplexhout die op een onderstel in buisstaal rust. Dit enige meubelelement uit zijn carrière, verdeeld door de Antwerpse uitgever Loral & Elsmoortel, illustreert zijn architecturale onderzoekingen, tussen modernisme en functionalisme.

[67]

[68]

EN

The architect, urban planner and designer Léon Stynen comes from an artistic background and trains as an architect at the Academy of Fine Arts in Antwerp (1915–1922). His first award-winning project, a memorial in Knokke (achieved in 1921) launches his career. He thereafter creates houses, buildings and shops for a bourgeois clientele in a classic and sometimes Art deco style.

In 1925, he discovers the avant-garde with the *Pavillon de l'Esprit Nouveau*, the model home of Le Corbusier at the International Exhibition of Modern Decorative and Industrial Arts in Paris. This event marks a decisive turning point in his vision of architecture: after his return to Belgium, he studies the writings of Le Corbusier and appropriates the precepts of modernism in order to give them a personal interpretation.

While his casino project in Knokke (1928) still shows some hesitations to break with tradition, other constructions are based on a genuine modernist language, such as his private house (1933) and later the BP Building [fig.67] – an office building whose construction is based on façades suspended from the central concrete cage – both built in Antwerp, as well as the Royal Conservatory [fig.68], now the deSingel cultural centre.

His creations explore the possibilities offered by new materials such as concrete or natural stone, as can be seen in the façade of the Van Thillo House in Ekeren (1938) for which he wins the Van de Ven Architecture Prize. In 1939, he designs the Belgian pavilion for the New York World Fair with the architects Henry van de Velde (1863–1957) and Victor Bourgeois (1897–1962). From 1937 onwards, he teaches architecture at the Academy of Antwerp, of which he becomes deputy director of the department after ten years. He then directs the Institut supérieur des arts décoratifs de La Cambre in Brussels from 1950 to 1964.

At the Brussels World Fair, he wins fame as much for the modernist cover of the façade of Palais 5 as for the chair *SL 58* [fig.64]. Together with his assistant Paul de Meyer (1922–2012), he designs a simple, elegant and stackable chair consisting of a preformed plywood seat resting on a tubular steel base. Distributed by the Antwerp publisher Loral & Elsmoortel, the only piece of furniture in his career reflects his architectural research between modernism and functionalism.

MODERNISME LUDIQUE
SPEELS MODERNISME
LUDIC MODERNISM

FR

Pleine de légèreté et d'optimisme, l'esthétique du modernisme ludique s'est répandue dans la société belge durant la décennie 1950. Même si l'Expo 58 a participé à sa promotion et à sa popularisation dans la sphère privée, les débuts de ce mouvement sont déjà perceptibles dans l'espace public dès les années 1930.

Ce nouveau langage visuel se distingue de celui du modernisme classique grâce à un répertoire de formes unique. En architecture comme en design, il renvoie aux lignes dynamiques et serpentines, aux motifs de la lettre "V", aux formes de boomerang et de la parabole ainsi qu'aux couleurs vives. Dans cette même veine, le logotype de l'Expo 58 [fig.69] dessiné par Lucien De Roeck (1915-2002) participe à la création de ce qu'on appelle le style atome, parfois aussi nommé style Spirou, inspiré des formes de l'énergie nucléaire.

La fascination pour le progrès technique et les avancées scientifiques permettent le perfectionnement de matériaux artificiels qui révolutionnent la construction d'après-guerre. Les surfaces de l'espace domestique sont désormais revêtues de formica, les auvents de formes paraboliques, à l'entrée des habitations, sont en béton et le métal se systématise dans les structures de mobilier. On retrouve cette effervescence dans l'architecture de l'Atomium dont les rampes d'escaliers sont en forme de zigzag et de particules atomiques, mais aussi dans le Skyhall de l'aéroport de Bruxelles-National réalisé par Maxime Brunfaut (1909-2003) avec le fauteuil S3 (1958) d'Alfred Hendrickx (p.52).

Le modernisme ludique reflète l'euphorie d'une époque en pleine transition, avide de progrès technique, d'une société de consommation naissante et de la démocratisation des loisirs. Parfois considéré comme désuet ou naïf, on va préférer au modernisme ludique une esthétique plus futuriste dès le milieu des années 1960.

NL

De esthetiek van het speelse modernisme, met haar lichte toets en optimistische uitstraling, verspreidt zich in de Belgische samenleving tijdens de jaren 1950. Expo 58 draagt bij tot haar bekendheid en popularisering in de huiselijke sfeer, maar het begin van deze beweging is al in de jaren 1930 in de publieke ruimte zichtbaar.

Deze nieuwe beeldtaal onderscheidt zich van het klassieke modernisme door een eigenzinnig vormenrepertoire. Zowel in de architectuur als in het design domineren dynamische en slingerende lijnen, "V"-vormige motieven, boemerang- en paraboolvormen en levendige kleuren. In dezelfde sfeer ontwerpt Lucien De Roeck (1915-2002) het logo van Expo 58 [fig.69] in de zogenaamde atoomstijl, soms ook Robbedoesstijl genoemd, geïnspireerd door de vormen van de atoomenergie.

De fascinatie voor de technische vooruitgang en de wetenschappelijke doorbraken zorgen voor de perfectionering van de kunststoffen die de naoorlogse bouwtechnieken radicaal veranderen. In de huiskamers worden de oppervlakken met formica bekleed, de parabolische luifels boven de ingang van de huizen zijn uitgevoerd in beton, en metaal wordt een vaste waarde in de meubelstructuren. Die bruisende geest vindt men terug in de architectuur van het Atomium, waarvan de trapleuningen de vorm van zigzags en atoomdeeltjes hebben, maar ook in de Skyhall van de luchthaven Brussel-Nationaal, uitgevoerd door Maxime Brunfaut (1909-2003), met de fauteuil S3 (1958) van Alfred Hendrickx (p.52).

Het speelse modernisme weerspiegelt de euforie van een tijdperk dat volop in transitie is en naar technische vooruitgang hunkert, van een opkomende consumptiemaatschappij en van de democratisering van de vrijetijdsbesteding. Maar vanaf het midden van de jaren 1960 moet het speelse modernisme, dat stilaan als verouderd of naïef wordt beschouwd, plaatsmaken voor een meer futuristische esthetiek.

EN

Full of lightness and optimism, the aesthetics of ludic modernism spread throughout Belgian society during the 1950s. Although Expo 58 helped to promote and popularise it in the private sphere, the beginnings of this movement are already perceptible in public areas in the 1930s.

This new visual language differs from that of classic modernism thanks to a unique repertoire of forms. In architecture as in design, it refers to the dynamic and serpentine lines, to the patterns of the letter "V", to the forms of the boomerang and of the parabola, as well as to the bright colours. In the same vein, the Expo 58 logo [fig.69] designed by Lucien De Roeck (1915–2002) helps to create what is known as the Atom style, sometimes also called the Spirou style, inspired by the shapes of nuclear energy.

Fascination with technical progress and scientific advances encourage the development of artificial materials that revolutionised post-war construction. Surfaces of domestic space are now covered with formica, parabolic canopies at the entrance to houses are made of concrete and metal is systematised in the structures of the furniture. This effervescence can be seen in the architecture of the Atomium, with its zigzag-shaped stair railings and atomic particles, but also in the Skyhall at Brussels National Airport created by Maxime Brunfaut (1909–2003) with the armchair S3 (1958) by Alfred Hendrickx (p.52).

Ludic modernism reflects the euphoria of an era in full transition, eager for technical progress, of an emergent consumer society and of the democratisation of leisure. Ludic modernism will gradually come to be considered as obsolete and naive, and will be replaced by a more futuristic aesthetic from the mid-1960s onwards.

[fig.69] Logotype Expo 58
(croquis/schets/
sketch, ca 1957)

[69]

TABOURETS DE BAR / BARKRUKKEN / BARSTOOLS
STRUCTURE TUBULAIRE NOIRE EN ACIER, ASSISE EN VINYLE / ZWARTE BUISSTAALSTRUCTUUR, VINYL ZITTING / BLACK TUBULAR STEEL BASE, VINYL SEAT
CA 1950

FR

Willy Van Der Meeren, architecte formé à La Cambre en 1948, incarne la figure de l'architecte-designer belge innovant et engagé. Diplômé depuis trois ans, il est remarqué pour ses expérimentations originales alors que le groupe Formes Nouvelles, dont il est cofondateur, organise le concours *Jeune Décoration*. Son mobilier léger, radical et moderne séduit Tubax, spécialiste du mobilier en acier, qui décide d'éditer ses projets. De cette collaboration fructueuse naissent des pièces iconiques comme la chaise *C1*, les tables d'appoint *Boomerang* [fig.72], ou encore les emblématiques tabourets de bar [fig.70] caractéristiques du modernisme ludique.

Dans un style dépouillé, il systématise l'emploi de matériaux comme le piétement en tube d'acier noir, dont la forme en "W" assure la stabilité du meuble, ou les surfaces en contreplaqué, en verre et en formica. Durant toute sa carrière de designer et d'architecte, la conception de ses projets et de ses constructions dynamiques colorées est motivée par un engagement social, comme l'illustre le prototype préfabriqué de la Maison CECA (1954). Son ambition est de créer une architecture et un mobilier accessibles à tout le monde.

Durant les années 1950, alors que la Belgique est en pleine pénurie de logements pour les ouvriers, ses travaux apparaissent comme une tentative de réélaboration de l'habitat. Il définit une nouvelle manière de penser l'intérieur domestique composé de meubles fonctionnels bon marché à l'esthétique rationnelle et optimiste. À l'inverse des ensembliers, il crée du mobilier composite [fig.73], dans une démarche liée au fonctionnalisme social, pour offrir une grande liberté dans le choix de l'agencement intérieur.

[71]

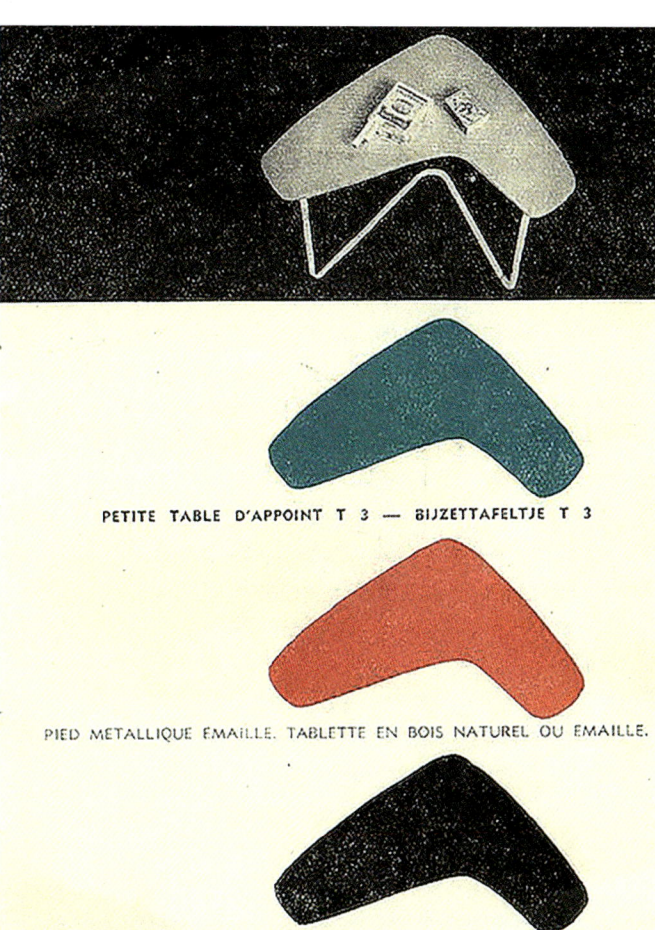

[72]

[fig.71]   Willy Van Der Meeren
[fig.72]   Table/tafel/table
           Boomerang (Tubax
           catalogue, ca 1954)
[fig.73]   *Le Foyer Saint-Gillois*,
           appartement témoin/
           modelappartement/
           show flat (1954)
[fig.74]   Fauteuil/zetel/armchair
           F1 (Tubax catalogue,
           ca 1954)

NL

Willy Van Der Meeren, architect opgeleid aan La Cambre in 1948, belichaamt de figuur van de vernieuwende en geëngageerde Belgische architect-designer. Drie jaar na zijn afstuderen valt hij al op door zijn originele experimenten, terwijl de groep Formes Nouvelles, waarvan hij de medeoprichter is, de wedstrijd *Jeune Décoration* organiseert. Zijn lichte, radicale en moderne meubilair valt in de smaak bij Tubax, een specialist in stalen meubilair, die beslist zijn volgende ontwerpen uit te geven. Uit deze vruchtbare samenwerking ontstaan iconische stukken zoals de Stoel C1, de bijzettafeltjes *Boomerang* [fig.72] en de emblematische barkrukken [fig.70] die karakteristiek zijn voor het speelse modernisme.

In een strakke stijl werkt hij systematisch met materialen of met het zwarte buizenstaal voor een onderstel waarvan de "W"-vorm de stevigheid van het meubel verzekert, of met oppervlakken in multiplex, glas en formica. Gedurende zijn hele carrière als designer en architect wordt het ontwerp van zijn projecten en van zijn dynamische en kleurrijke constructies ingegeven door een groot sociaal engagement, zoals blijkt uit het geprefabriceerde prototype van Huis CECA (1954). Het is zijn ambitie om architectuur en meubilair te creëren die voor iedereen toegankelijk zijn.

Tijdens de jaren 1950, wanneer in België een groot tekort aan arbeiderswoningen heerst, lijkt zijn werk op een poging om de woonomgeving opnieuw uit te werken. Hij benadert het huiselijke interieur op een nieuwe manier, met goedkope functionele meubelen in een rationele en optimistische esthetiek. In tegenstelling tot de conventionele binnenhuisarchitecten creëert hij heterogeen meubilair [fig.73], vanuit een benadering die aansluit bij het sociaal functionalisme, om de mensen een grote vrijheid te bieden bij de keuze van de interieurinrichting.

[73]

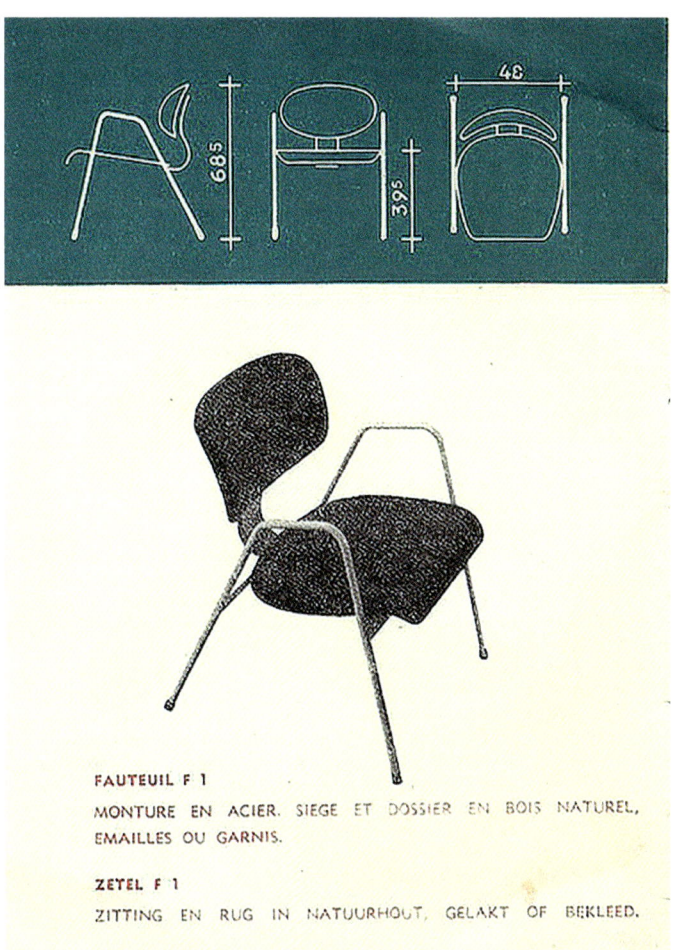

[74]

FAUTEUIL F 1
MONTURE EN ACIER. SIEGE ET DOSSIER EN BOIS NATUREL, EMAILLES OU GARNIS.

ZETEL F 1
ZITTING EN RUG IN NATUURHOUT, GELAKT OF BEKLEED.

EN

Willy Van Der Meeren, an architect trained at La Cambre in 1948, embodies the figure of the innovative and committed Belgian architect-designer. Three years after graduating, he is recognised for his original ideas when the group *Formes Nouvelles,* of which he is co-founder, organises the *Jeune Décoration* competition. His light, radical and modern furniture seduces Tubax, specialised in steel furniture, which decides to publish his next projects. From this fruitful collaboration arise iconic pieces such as the *C1* chair, the *Boomerang* [fig.72] side tables, or the emblematic barstools [fig.70] characteristic of ludic modernism.

In a stripped-down style, he systematises the use of materials such as the black tubular steel base, the "W" shape of which ensures the stability of the furniture, or the plywood, glass and formica surfaces. Throughout his career as a designer and architect, the design of his projects and of his colourful dynamic constructions is motivated by social commitment, as illustrated by the prefabricated prototype of the CECA House (1954). His ambition is to create architecture and furniture accessible to everyone.

During the 1950s, when Belgium is in the midst of a shortage of workers' housing, his works appear to be an attempt to redesign housing. He defines a new way of thinking about home interior composed of cheap functional furniture with rational and optimistic aesthetics. Unlike the traditional interior designers, he creates composite furniture [fig.73], in an approach linked to social functionalism, to offer great freedom in the choice of interior design.

LCP (LOW CHAIR PLASTIC)
CHAUFFEUSE / LAGE FAUTEUIL / LOW CHAIR
POLYMÉTHACRYLATE DE MÉTHYLE / POLYMETHYLMETHACRYLAAT / POLYMETHYL METHACRYLATE
2002

FR

Concepteur de mobilier et architecte d'intérieur, Maarten Van Severen étudie l'architecture à l'Institut Saint-Luc de Gand. En 1986, il se lance dans la création de son propre mobilier et imagine une table en acier dans un style élémentaire, qui sera réalisée en aluminium. Ses recherches conceptuelles se concentrent sur la forme, la structure et les matériaux avec pour sujets de prédilection: la chaise, la table, l'étagère et la chaise longue.

Un an plus tard, il ouvre à Gand un studio de design destiné à une production semi-industrielle de pièces en séries limitées. Prenant part au processus de production, depuis le concept jusqu'à la réalisation finale de l'objet, il crée des meubles emblématiques comme le fauteuil *F88* (1988) ou la chaise *CN°II* (1992). Vers la fin des années 1990, il se tourne vers le mobilier industriel pour insuffler un renouveau à sa production à travers de fructueuses collaborations: il produit la chaise *.03* [fig.78] et les chaises longues *MVS* [fig.79] pour Vitra ainsi que *LL 04* pour Pastoe (2005).

Pour Kartell, il conçoit la *LCP* [fig.75] qui conserve, de la chauffeuse historique de l'époque Régence le haut dossier, censé abriter des courants d'air, et l'assise basse permettant à son occupant d'être au niveau de la chaleur du foyer. L'usage de l'acrylique permet d'obtenir par moulage unique une plaque repliée sur elle-même en spirale. Sa couleur transparente accentue la pureté minimale des lignes en révélant les éléments techniques utilisés.

En parallèle, il collabore avec le bureau d'architecte OMA de Rem Koolhaas (né en 1944) pour lequel il réalise l'aménagement intérieur des Villas dall'Ava à Saint-Cloud et Lemoine à Floirac (France). Une esthétique de la pureté, de l'essentialisme et du dépouillement caractérise l'ensemble de la production d'une des figures phares du design de la fin du 20e siècle.

[76]

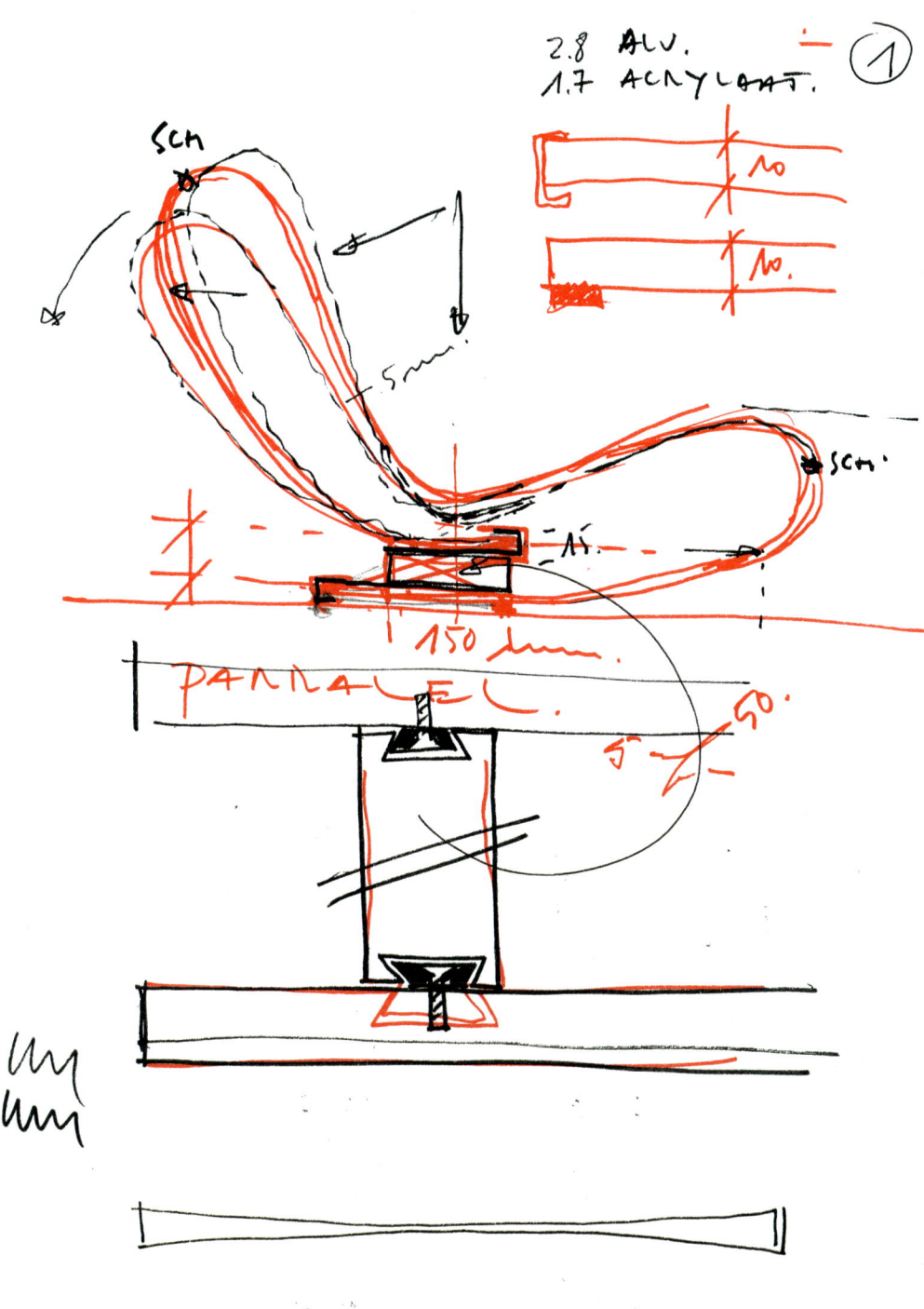

[77]

[fig.76] Maarten Van Severen
[fig.77] Esquisse de/ontwerpschets van de/sketch of *LC95A* (non-daté/ongedateerd/undated)
[fig.78] Chaises/stoelen/chairs *.03* (1998) au/in/at Design Museum Gent, 2012
[fig.79] Chaise longue/ligstoel/lounge chair *MVS* (2000)

NL

Meubelontwerper en interieurarchitect Maarten Van Severen studeert architectuur aan het Sint-Lucas instituut van Gent. In 1986 begint hij zijn eigen meubilair te ontwerpen en bedenkt hij een stalen tafel in een strakke stijl, die in aluminium zal worden uitgevoerd. Zijn conceptuele onderzoek richt zich op de vorm, de structuur en de materialen, met als lievelingsonderwerpen stoelen, tafels, boekrekken en loungestoelen.

Een jaar later opent hij in Gent een designstudio met het oog op een semi-industriële productie van stukken in kleine series. Nauw toeziend op het productieproces, vanaf het concept tot de uiteindelijke fabricage van het object, creëert hij emblematische meubelen zoals de fauteuil *F88* (1988) of de stoel *CN° II* (1992). Eind jaren 1990 richt hij zijn aandacht meer op industrieel meubilair en blaast hij zijn productie nieuw leven in dankzij vruchtbare samenwerkingen: hij creëert de stoel *.03* [fig.78] en de loungestoelen *MVS* [fig.79] voor Vitra en *LL 04* voor Pastoe (2005).

Voor Kartell ontwerpt hij de *LCP* [fig.75], die aan de lage fauteuil uit de régenceperiode de hoge rugleuning ontleent die bescherming moest bieden tegen tocht, en de lage zitting die het mogelijk maakt ter hoogte van het warme haardvuur te zitten. Dankzij het gebruik van acrylaat kan de spiraalvormige plaat in één keer worden gegoten. Zijn transparante kleur benadrukt de minimalistische zuiverheid van de lijnen en toont de technische elementen die worden gebruikt.

Tegelijk werkt Van Severen samen met het architectuurbureau OMA van Rem Koolhaas (geboren in 1944), waarvoor hij het interieur ontwerpt van de Villa's dall'Ava in Saint-Cloud en Lemoine in Floirac (Frankrijk). Een esthetiek gericht op zuiverheid, essentialisme en soberheid kenmerkt de hele productie van een van de boegbeelden van het design van het einde van de 20[ste] eeuw.

[78]

[79]

EN

Furniture designer and interior architect Maarten Van Severen studies architecture at the Sint-Lucas Institute in Ghent. In 1986, he starts to create his own furniture and imagines a steel table, in an elementary style, which will be realised in aluminum. His conceptual research focuses on form, structure and materials, with as his favourite subjects, the chair, table, shelf and lounge chair.

One year later, he opens a design studio in Ghent for the semi-industrial production of limited series. Taking part in the production process, from the concept to the final realisation of the object, he creates emblematic furniture such as the *F88* armchair (1988) or the chair *CN°II* (1992). Towards the end of the 1990s, he turns to industrial furniture to breathe new life into his production through fruitful collaborations: he produces the chair *.03* [fig.78] and the lounge chairs *MVS* [fig.79] for Vitra and *LL 04* for Pastoe (2005).

For Kartell, he designs the *LCP* [fig.75], which retains from the historic Regency fireside chair the high backrest supposed to protect against draughts and the low seat allowing its occupant to be at level with the warmth of the hearth. The use of acrylic makes it possible to obtain by a single moulding a plate folded on itself in a spiral. Its transparent colour asserts the minimal purity of the lines by revealing the technical elements which he used.

At the same time, he collaborates with the architectural office OMA of Rem Koolhaas (born in 1944), for whom he carries out the interior design of the Villas dall'Ava *in* Saint-Cloud and Lemoine in Floirac (France). An aesthetics of purity, essentialism and simplicity characterises the entire production of one of the leading figures of late 20th century design.

PORTEMANTEAU / KAPSTOK / COAT RACK
WENGÉ, LAITON CHROMÉ / WENGÉ HOUT, VERCHROOMD MESSING / WENGÉ WOOD, CHROMED BRASS
CA 1955

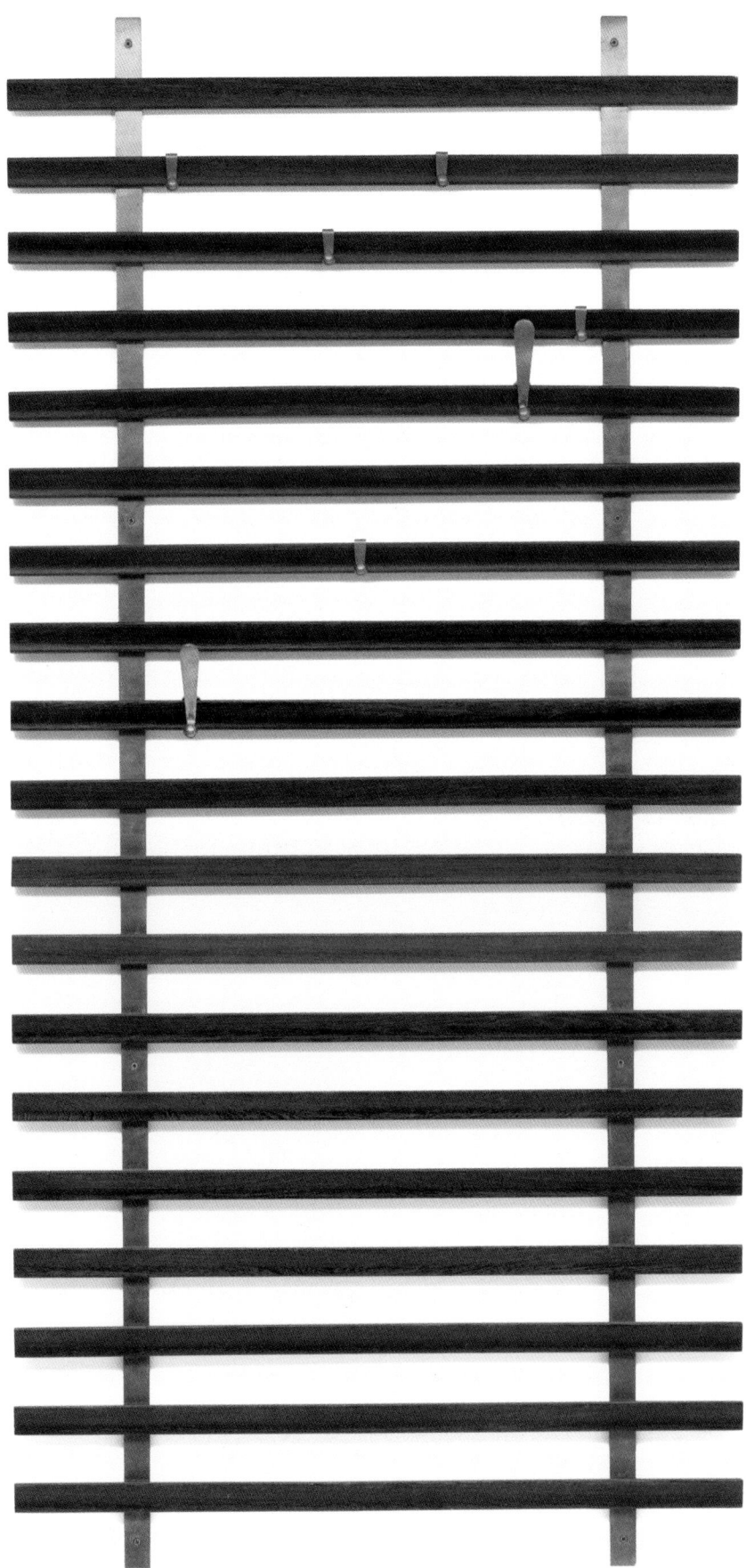

JULES WABBES
2

NID D'ABEILLE
APPLIQUE MURALE / WANDLAMP / WALL LIGHT
LAITON / MESSING / BRASS
CA 1955

POIGNÉES DE PORTE / DEURGREPEN / DOOR HANDLES
BRONZE / BRONS / BRONZE
CA 1970

FR

Jules Wabbes est un architecte d'intérieur autodidacte et touche-à-tout. Photographe, membre d'une troupe de théâtre, antiquaire et restaurateur de meubles en bois, il se tourne vers la création de mobilier dès les années 1940. En 1951, il ouvre avec succès un bureau d'études d'architecture et de design industriel avec l'architecte André Jacqmain (1921–2014). Pendant cette période, Jules Wabbes conçoit un procédé de meubles à lattes qui devient sa marque de fabrique.

Passionné par le travail des matières, il s'inspire de formes organiques et emploie des matériaux nobles. Avec sobriété et raffinement, il choisit le mobilier sur mesure destiné à une clientèle aisée plutôt qu'une large production industrielle. On lui doit notamment l'applique murale *Nid d'abeille* en laiton [fig.81], une table en bois massif d'un seul tenant (ca 1948) pour le ministre Paul De Groote, des tabourets en série limitée pour la boutique de haute couture d'Anna David-Marber [fig.84] et du mobilier de bureau pour le Fonds colonial des Invalidités (1957).

Wabbes fonde Mobilier Universel, une société de production et de diffusion pour son mobilier et remporte la médaille d'argent à la 11e Triennale de Milan pour sa table *Gérard Philippe* en 1957. Il aménage le Pavillon de la Science à l'Expo 58 et sort récompensé de la 12e Triennale de Milan avec son mobilier pour enfant en bois exotique [fig.85]. L'architecte obtient des commandes de la compagnie aérienne belge Sabena, du couple royal pour leurs appartements à bord du Godetia [fig.86], navire de la Marine belge, et du restaurant Drugstore Louise à Bruxelles.

En 1969, il constitue la société GEDE (General Decoration) qui fabrique et vend les accessoires en métal qu'il conçoit, comme les poignées de porte en bronze brut [fig.82]. À l'époque, Jules Wabbes remporte le contrat d'aménagement du siège de la Société Générale de Banque à Bruxelles (1971–1973) et meuble aussi les logements étudiants de l'Université de Louvain-la-Neuve (1972). Il terminera sa carrière comme professeur d'ameublement et d'architecture d'intérieur à l'Institut Saint-Luc de Bruxelles.

[83]

[84]

[fig.83] Jules Wabbes
[fig.84] Tabourets/krukjes/stools (pour/voor/for Anna David-Marber, 1953)
[fig.85] Mobilier pour salle de classe/klasmeubilair/ classroom furniture (1960)
[fig.86] Cabine royale/koninklijke hut/royale cabin (Godetia, 1965)

NL

Jules Wabbes is een bijzonder veelzijdig autodidactisch interieurarchitect. Hij is fotograaf, lid van een theatergezelschap, antiquair en restaurateur van houten meubilair, en houdt zich vanaf begin de jaren 1940 bezig met de creatie van meubilair. In 1951 opent hij samen met architect André Jacqmain (1921–2014) een succesvol studiebureau voor architectuur en industrieel design. In deze periode ontwikkelt Jules Wabbes een procedé van lattenmeubelen dat zijn handelsmerk wordt.

Gepassioneerd door de bewerking van materialen inspireert hij zich op organische vormen en gebruikt hij edele materialen. In een sobere en verfijnde stijl geeft hij de voorkeur aan meubilair op maat bestemd voor een welstellend publiek boven een grootschalige industriële productie. Van zijn hand zijn onder andere de wandlamp in messing *Nid d'abeille* [fig.81], een tafel in massief hout uit één stuk (ca 1948) voor minister Paul De Groote, krukjes in beperkte oplage voor het haute couture-atelier van Anna David-Marber [fig.84] en kantoormeubilair voor het Koloniaal Invaliditeitsfonds (1957).

Hij richt Mobilier Universel op, een bedrijf dat zijn meubilair produceert en verdeelt, en hij behaalt de zilveren medaille op de 11de Triënnale van Milaan voor zijn tafel *Gérard Philippe* in 1957. Hij richt het Wetenschapspaviljoen van Expo 58 in en wordt op de 12de Triënnale van Milaan gelauwerd voor zijn kindermeubilair in exotisch hout [fig.85]. Hij krijgt opdrachten van de Belgische luchtvaartmaatschappij Sabena, van het koningspaar voor hun vertrekken aan boord van het Belgische marineschip Godetia [fig.86], en van restaurant Drugstore Louise in Brussel.

In 1969 sticht hij het bedrijf GEDE (General Decoration), dat accessoires in metaal vervaardigt, en verkoopt dat hij ontwerpt, zoals de deurgrepen in ruw brons [fig.82]. Jules Wabbes krijgt de opdracht voor de inrichting van de zetel van de Generale Bankmaatschappij in Brussel (1971–1973) en richt ook de studentenwoningen van de Universiteit van Louvain-La-Neuve in. Hij beëindigt zijn carrière als docent meubilering en interieurarchitectuur aan het Sint-Lukasinstituut in Brussel.

[85]

[86]

EN

Jules Wabbes is a self-taught interior designer with a knack for everything. As a photographer, a member of a theatre troupe, an antique dealer and restorer of wooden furniture, he turns to furniture design in the 1940s. In 1951, he successfully opens an architectural and industrial design office with the architect André Jacqmain (1921–2014). During this period, Jules Wabbes designs a slatted furniture process that becomes his trademark.

Passionate about working with materials, he is inspired by organic forms and uses high-quality materials. With soberness and refinement, he favours custom furniture for a wealthy clientele over large industrial production. He designes amongst other things the brass *Nid d'abeille* wall light [fig.81], a one-piece solid wood table (ca 1948) for Minister Paul De Groote, limited edition stools for Anna David-Marber's haute couture boutique [fig.84] and office furniture for the Colonial Disability Fund (1957).

He establishes Mobilier Universel, a company for the production and distribution of his furniture and wins the silver medal at the 11th Triennale in Milan for his *Gérard Philippe* table. He designs the Science Pavilion at Expo 58 and is awarded a prize at the 12th Triennale of Milan with his furniture for children in exotic wood [fig.85]. He obtains orders from the Belgian airline Sabena, the royal couple for their apartments on board the Belgian naval ship Godetia [fig.86] and the restaurant Drugstore Louise in Brussels.

In 1969, he founds the company GEDE (General Decoration), which manufactures and sells the metal accessories that he designs, such as the rough bronze door handles [fig.82]. Jules Wabbes wins the contract to fit out the head office of the Société Générale de Banque in Brussels (1971–1973) and furnishes the student accommodation of the University of Louvain-la-Neuve (1972). He ends his career as a professor of furniture and interior design at the Institut Saint-Luc in Brussels.

| SYLVAIN WILLENZ | 1978 |

TORCH BUNCH
SUSPENSIONS / HANGLAMPEN / SUSPENSION LIGHTS
POLYCHLORURE DE VINYLE, DIFFUSEUR EN POLYCARBONATE TRANSPARENT / POLYVINYLCHLORIDE, LICHTVERSTROOIER IN POLYCARBONAAT / POLYVINYL CHLORIDE, POLYCARBONATE DIFFUSER
2008

FR

Diplômé en design de produits du *Royal College of Art* de Londres, Sylvain Willenz ouvre SWDO, son bureau à Bruxelles en 2004. Depuis lors, il dessine du mobilier, des luminaires, des accessoires et du textile dans un style graphique et dépouillé. Les processus de production et de fabrication sont au centre de ses recherches et il prend l'habitude d'explorer un large spectre de matériaux (bois, verre, plastique…).

Il collabore avec plusieurs marques étrangères dont Cappellini, Hay, Hem ou encore la maison britannique Established & Sons pour laquelle il réalise *Torch Bunch* [fig.87]. Inspiré d'éclairages fonctionnels variés, cet ensemble de suspensions épuré est conçu en polychlorure de vinyle trempé agrémenté d'un diffuseur en polycarbonate transparent texturé en diamant. La forme est empruntée aux torches ainsi qu'aux phares de voitures. Il est possible de créer son propre modèle en choisissant le nombre de lampes (cinq, dix ou vingt), le coloris et la hauteur de chute sur mesure. Ce luminaire modulable et ludique lance la carrière du designer en devenant un classique intemporel du design industriel contemporain.

En 2009, Sylvain Willenz est nommé designer belge de l'année et reçoit plusieurs récompenses dont le prix Henry van de Velde, le Red Dot Design Award et l'iF Design Award dans la catégorie design de produit.

[88]

[89]

[fig.88] Sylvain Willenz
[fig.89] Table basse/koffietafel/ coffeetable *Rebar* (2018)
[fig.90] Vases en verre/glazen vazen/glass vases *Silex* (2019)
[fig.91] Lampe/lamp/lamp *Dusk* (2015)

NL

Als productontwerper gediplomeerd aan het Royal College of Art van Londen opent Sylvain Willenz in 2004 SWDO, zijn bureau in Brussel. Sindsdien ontwerpt hij meubilair, verlichting, accessoires en textiel in een grafische en strakke stijl. In zijn onderzoek staan vooral de productie- en fabricageprocessen centraal en verkent hij een brede waaier van materialen (hout, glas, plastic…).

Hij werkt samen met verscheidene buitenlandse merken, zoals Cappellini, Hay en Hem, of het Britse huis Established & Sons waarvoor hij *Torch Bunch* [fig.87] ontwerpt. Geïnspireerd op verschillende modellen van functionele verlichting is dit ensemble van sobere hanglampen ontworpen in polyvinylchloride en voorzien van een lichtverstrooier in polycarbonaat met een diamantstructuur. De vorm is ontleend aan zaklampen en aan autokoplampen. Het is mogelijk je eigen model te creëren via de keuze van het aantal lampen (vijf, tien of twintig), de kleur en de kabellengte. Dit moduleerbare en speelse verlichtingstoestel luidt de doorbraak van de designer in en wordt een tijdloze klassieker van het hedendaags industrieel design.

In 2009 wordt Sylvain Willenz Belgisch Designer van het Jaar en krijgt hij nog meer onderscheidingen, zoals de prijs Henry van de Velde, de Red Dot Design Award en de iF Design Award in de categorie productontwerp.

[90]

[91]

EN

As a graduate of the Royal College of Art in London in product design, Sylvain Willenz opens SWDO, his office in Brussels in 2004. Since then, he has been designing furniture, lighting, accessories and textiles in a graphic and spare style. Production and manufacturing processes are at the centre of his research and he likes exploring a wide range of materials (wood, glass, plastic…).

He collaborates with several foreign brands including Cappellini, Hay, Hem and the British company Established & Sons for which he designes *Torch Bunch* [fig.87]. Inspired by a variety of functional lighting applications, this sleek suspension set is made of tempered polyvinyl chloride with a transparent polycarbonate diffuser and a diamond textured finish. The shape is borrowed from torches and car headlights. It is possible to create your own model by choosing the number of lamps (five, ten or twenty), the colour and the cable length. This modular and playful luminaire launches the designer's career and has become a timeless classic of contemporary industrial design.

In 2009, Sylvain Willenz is named Belgian Designer of the Year and receives more awards including the Henry van de Velde Award, the Red Dot Design Award and the iF Design Award in the product design category.

LE SIGNE D'OR
HET GOUDEN KENTEKEN
THE GOLDEN SIGNET

Belgique et choisis parmi ceux qui avaient été préalablement sélectionnés par le Design Centre. À ce titre, les critères de sélection des Signes d'Or, hérités de la tradition moderniste, sont les mêmes que ceux définis pour les expositions organisées par le Design Centre: «valeur fonctionnelle ou bonne adaptation de l'objet à son emploi, valeur esthétique, qualité technique, juste choix des matières employées, perfection de l'exécution, valeur d'invention, prix en rapport avec les qualités susmentionnées».

NL

Het kwaliteitslabel het Gouden Kenteken is onderdeel van een ondersteunend beleid voor design dat de Belgische overheid in de jaren 1950 opstartte. Met het oog op de toekenning van een jaarlijkse prijs aan producten die in de Benelux (België, Nederland en Luxemburg) in serie worden vervaardigd, wordt in 1956 de Maatschappij ter Bevordering van de Kwaliteit in de Industriële Creatie opgericht. Deze prijs past in een Europese context en zijn naam, het Gouden Kenteken, verwijst duidelijk naar de beroemde Italiaanse onderscheiding, de Compasso d'Oro (ingesteld in 1954).

Voor de eerste editie, in juni 1957, telt het Gouden Kenteken zo'n drie honderd Belgische inzendingen en vijfenzeventig Nederlandse, waarvan er twaalf worden bekroond door een uitsluitend Belgische jury. Zestien Gouden Kentekens worden tijdens de tweede editie toegekend door een jury die vanaf nu internationaal is. Elke firma die wenst deel te nemen kan haar producten inschrijven. Als ze na een eerste technisch en commercieel onderzoek geselecteerd worden, worden ze ter beoordeling voorgelegd aan een jury. De bekroonde producten worden dan voorgesteld op tentoonstellingen en beurzen in België en in het buitenland. Deze prijs wordt een "merkteken" van hun commercieel potentieel op internationale schaal.

Josine des Cressonnières (1925–1985) [fig.92], die haar carrière in 1953 is begonnen als adviseur van de afdeling modern meubilair van warenhuis À l'innovation in Brussel, koppelt het Gouden Kenteken aan het Design Centre. Onder haar leiding worden deze onderscheiding om de twee jaar toegekend aan objecten die in België worden gefabriceerd en die gekozen worden onder de items die vooraf worden geselecteerd door het Design Centre. De selectiecriteria voor de Gouden Kentekens, overgeërfd van de modernistische traditie, zijn dezelfde als deze welke worden opgelegd aan de tentoonstellingen georganiseerd door het Design Centre: "functionele waarde of goede aanpassing van het object aan zijn gebruik, esthetische waarde, technische kwaliteit, juiste keuze van de gebruikte materialen, perfecte uitvoering, innovatieve waarde, prijs in verhouding tot de bovenvermelde kwaliteiten".

FR

La distinction du Signe d'Or s'inscrit dans une politique de soutien au design initiée par les autorités publiques belges dans les années 1950. Dans le but d'attribuer un prix annuel à des produits fabriqués en série au Benelux (Belgique, Pays-Bas, Luxembourg), la Société pour Promouvoir la Qualité dans la Création Industrielle est créée en 1956. Ce prix naît dans un contexte européen et son nom, le Signe d'Or, rappelle sans équivoque la célèbre distinction italienne, le Compasso d'Oro (créé en 1954).

Pour sa première édition, en juin 1957, le Signe d'Or comptabilise quelques trois cents envois belges et septante-cinq néerlandais parmi lesquels douze sont primés par un jury exclusivement belge. Seize Signes d'Or sont décernés lors de la deuxième édition par un jury désormais international. Les firmes souhaitant participer aux sélections peuvent inscrire librement leurs produits. Si ceux-ci sont sélectionnés suite à un premier examen technique et commercial, ils sont alors soumis à l'appréciation d'un jury. Les produits primés sont ensuite présentés à des expositions et foires en Belgique et à l'étranger. Ce prix devient un «marqueur» de leur potentiel commercial à l'échelle internationale.

Josine des Cressonnières (1925–1985) [fig.92], qui a commencé sa carrière en 1953 comme conseillère du rayon d'ameublement moderne du grand magasin de Bruxelles, À l'innovation, intègre le Signe d'Or au Design Centre. Sous sa direction, ces distinctions sont décernées tous les deux ans à des objets fabriqués en

EN

The Golden Signet award is part of a policy for supporting design launched by the Belgian public authorities in the 1950s. With a view to awarding an annual prize to mass-produced products in the Benelux countries (Belgium, the Netherlands and Luxembourg), the Society for the Promotion of Quality in Industrial Design is created in 1956. This prize is part of a European context and its name, the Golden Signet, is clearly reminiscent of the famous Italian award, the Compasso d'Oro (created in 1954).

For its first edition, in June 1957, the Golden Signet counts some three hundred Belgian and seventy-five Dutch entries, twelve of which are rewarded by a exclusively Belgian jury. Sixteen Golden Signets are awarded at the second edition by a now international jury. Firms wishing to take part in the selections are free to enter their products. If they are selected after a first technical and commercial examination, they are then submitted to a jury for evaluation. The prize-winning products are then presented at exhibitions and fairs in Belgium and abroad. This prize becomes a "marker" of their commercial potential on an international scale.

Josine des Cressonnières (1925–1985) [fig.92], who started her career in 1953 as an adviser at the modern furniture of the Brussels department store, À l'innovation, integrates the Golden Signet into the Design Centre. Under her direction, these awards are attributed every two years to objects made in Belgium and chosen from among those previously selected by the Design Centre. As such, the selection criteria for the Golden Signet, inherited from the modernist tradition, are the same as those defined for the exhibitions organised by the Design Centre: "functional value or good adaptation of the object to its use, aesthetic value, technical quality, correct choice of materials used, perfection of execution, inventive value, price in relation to the above-mentioned qualities".

[fig.92] Josine des Cressonnières (1957)

APOLLO 14
MOULIN À CAFÉ / KOFFIEMOLEN / COFFEE GRINDER
POLYSTYRÈNE / POLYSTYREEN / POLYSTYRENE
CA 1971

MIXER / MIXER / BLENDER
ACRYLOBUTADIÈNE STYRÈNE, POLYPROPYLÈNE / ACROLYNITRIL-BUTADIEEN-STYREEN, POLYPROPYLEEN / ACRYLONITRILE BUTADIENE STYRENE, POLYPROPYLENE
CA 1970

[95]

FR

En 1886, la société belge Électricité et Hydraulique (E&H) est fondée par l'ingénieur Julien Dulait à Charleroi. En 1904, devenue la propriété de la puissante famille Empain, la société prend le nom des Ateliers de Constructions Électriques de Charleroi (A.C.E.C). Entreprise pilote sur le plan technique, elle est pratiquement la seule spécialisée en constructions électriques en Belgique.

Dans les années 1950, les ACEC et la firme liégeoise Nova, fondée par l'entrepreneur Jean Vincent en 1952, se distinguent par leurs productions à bas prix. Nova et ACEC reçoivent le Signe d'Or en 1958, l'une pour un grille-pain en bakélite, premier polymère synthétique développé par le chimiste belge Leo Baekeland (1863–1944), l'autre pour un mixer en mélamine – qui remplacera dans ses usages la bakélite, plus cassante – et pour un moulin à café au couvercle en polystyrène transparent. Les objets belges primés sont présentés à l'Expo 58.

Durant les années 1960, le design est influencé par la science-fiction et les voyages dans l'espace. Cette esthétique s'invite dans les foyers, portée par l'usage des nouveaux plastiques qui imposent leurs couleurs dans l'électroménager. Nova décline des mixeurs aux tons pop. Le design du moulin à café ACEC *Apollo 14* [fig.93] s'inspire de l'esthétique de la conquête spatiale. Son nom est un hommage à la mission 14 du programme Apollo en 1971. Un an plus tôt, ACEC a été racheté par le groupe américain Westinghouse qui repense son modèle organisationnel désormais centré sur les fonctions de conception, de production et de commercialisation. Depuis le graphisme de l'emballage jusqu'à l'esthétique des produits, la production au sein de l'entreprise sera organisée selon le mode du design total.

NL

In 1886 wordt in Charleroi het Belgische bedrijf Électricité et Hydraulique (E&H) opgericht door de ingenieur Julien Dulait. In 1904 wordt het bedrijf, ondertussen eigendom van de machtige familie Empain, omgedoopt tot Ateliers de Constructions Électriques de Charleroi (A.C.E.C). Als voortrekker op technisch vlak is het bedrijf destijds vrijwel het enige dat in België gespecialiseerd is in de bouw van elektrische apparatuur.

In de jaren 1950 verwerven ACEC en de Luikse firma Nova, in 1952 opgericht door de ondernemer Jean Vincent, bekendheid met hun producties tegen een lage prijs. Nova en ACEC worden in 1958 bekroond met het Gouden Kenteken, Nova voor een broodrooster in bakeliet, het eerste synthetische polymeer ontwikkeld door de Belgische scheikundige Leo Baekeland (1863–1944), ACEC voor een mixer in melamine – dat het brozere bakeliet heeft vervangen – en een koffiemolen met een deksel in doorzichtig polystyreen. De bekroonde Belgische objecten worden voorgesteld op Expo 58.

Tijdens de jaren 1960 wordt het design beïnvloed door de sciencefiction en de ruimtereizen. Deze esthetiek verovert de huisgezinnen, waarbij gretig gebruik wordt gemaakt van nieuwe plastics die hun kleuren aan de elektrische huishoudapparatuur opdringen. Nova biedt mixers aan in felle kleuren. Het design van de koffiemolen ACEC *Apollo 14* [fig.93] is geïnspireerd op de esthetiek van de verovering van de ruimte. Zijn naam is een eerbetoon aan missie 14 van het Apollo-programma in 1971. Een jaar eerder wordt ACEC overgenomen door de Amerikaanse groep Westinghouse, die een nieuw organisatorisch model invoert dat gericht is op ontwerp, productie en commercialisering. Vanaf de grafiek van de verpakking tot de esthetiek van de producten wordt de hele productie binnen het bedrijf georganiseerd volgens het model van het totale design.

EN

In 1886, the Belgian company *Électricité et Hydraulique* (E&H) is founded by the engineer Julien Dulait in Charleroi. In 1904, after becoming the property of the powerful Empain family, the company is renamed *Ateliers de Constructions Électriques de Charleroi* (A.C.E.C.). As a pilot company on a technical level, it is practically the only one specialised in electrical constructions in Belgium at that time.

In the 1950s, ACEC and the Liège-based firm Nova, founded by the entrepreneur Jean Vincent in 1952, distinguish themselves by their low-cost production. Nova and ACEC receive the Golden Signet in 1958, the first for a toaster, made of bakelite, the first synthetic polymer developed by the Belgian chemist

Leo Baekeland (1863–1944), the second for a melamine mixer – which replaced the more brittle bakelite in its uses – and a coffee grinder with a transparent polystyrene lid. The prize-winning Belgian objects are presented at Expo 58.

During the 1960s, design is influenced by science fiction and space travel. This aesthetics is invited into the home, supported by the use of new plastics that impose their colours in household appliances. Nova offers a variety of mixers in pop tones. The design of the ACEC *Apollo 14* [fig.93] coffee grinder is inspired by the aesthetics of the conquest of space. Its name is a tribute to the mission 14 of the Apollo programme in 1971. One year before, ACEC was bought by the American group Westinghouse, rethinking its organisational model now centred on the functions of design, production and marketing. From the graphics of the packaging to the aesthetics of the products, the production within the company is organised in accordance with the mode of total design.

[fig.95] Créations/creaties/creations Nova (non daté/ongedateerd/undated)

[fig.96] Publicité/reclame/publicity Nova (in *Libelle*, 1958)

[96]

COQUILLAGE
PIERRE GUARICHE
CHAISE / STOEL / CHAIR
POLYPROPYLÈNE, STRUCTURE EN ACIER LAQUÉ / POLYPROPYLEEN, STRUCTUUR VAN GELAKT STAAL / POLYPROPYLENE, LACQUERED STEEL BASE
1961

554
PIERRE GUARICHE
COMMODE / LADEKAST / DRESSER
POLYCHLORURE DE VINYLE STRATIFIÉ, IMITATION TECK / GELAMINEERD POLYVINYLCHLORIDE, IMITATIETEAK / LAMINATED POLYVINYL CHLORIDE, TEAK IMITATION
CA 1968

TYROL
CHAISE / STOEL / CHAIR
POLYSTYRÈNE VERNI / GELAKT POLYSTYREEN / VARNISHED POLYSTYRENE
1971

[100]

FR

La fabrique de meubles Meurop est fondée en 1958, l'année de l'entrée en vigueur du Marché commun et de la célèbre Exposition universelle de Bruxelles. Ce nom naît de la contraction de «meubles» et «Europe». Grâce à une production en série, l'entreprise propose du design de qualité à prix avantageux. Afin de disposer d'un accès direct au marché, Meurop développe son propre système de distribution qui couvre la Belgique, le Luxembourg, les Pays-Bas, la France et l'Allemagne.

Meurop fait appel au designer français Pierre Guariche (1926–1995) qui renouvelle la collection dès décembre 1960. La chaise Coquillage [fig.97] connaît un large succès. Disponible en une dizaine de couleurs, elle se compose d'une coque en polypropylène posée sur une base métallique. Parmi les nouveautés, figure également une gamme de meubles de rangement modulaires et standardisés qui peuvent être combinés et superposés. En 1964, les tiroirs en bois des modules sont remplacés par des tiroirs en plastique moulé. Meurop abandonne aussi le placage bois au profit du polychlorure de vinyle stratifié. Les modèles de base sont conservés, mais leur finition est adaptée. Ils sont disponibles dans plusieurs imitations de bois. Le nom de chaque meuble reprend ses dimensions et sa composition. Par exemple, la commode 554 [fig.98] mesure "5" décimètres de large, "5" décimètres de haut et comprend "4" tiroirs.

En 1970, la gamme est complétée par des projets de douze autres designers originaires de cinq pays, dont Willy Van Der Meeren (p.92), Philippe Neerman (1930–2011) et Jean-Paul Emonds-Alt (1928–2014). Meurop est la première entreprise de Belgique à miser à grande échelle sur le mobilier en plastique et à investir dans la recherche sur les polymères. La crise pétrolière de 1973 marquera la fin du rêve du tout plastique de Meurop qui fait faillite en 1980.

NL

Meubelfabrikant Meurop wordt opgericht in 1958, het jaar van de stichting van de EEG en van de beroemde Wereldtentoonstelling van Brussel. De naam is een samentrekking van "meubelen" en "Europa". Dankzij zijn serieproductie kan het bedrijf kwaliteitsvol design tegen voordelige prijzen aanbieden. Om directe toegang tot de markt te hebben, ontwikkelt Meurop zijn eigen distributiesysteem, dat actief is in België, Luxemburg, Nederland, Frankrijk en Duitsland.

Meurop doet een beroep op de Franse designer Pierre Guariche (1926–1995), die de collectie vanaf december 1960 vernieuwt. De populaire stoel Coquillage [fig.97] is erg succesvol. Hij is beschikbaar in een tiental kleuren en bestaat uit een zitkuip in polypropyleen die op een metalen onderstel rust. Een andere nieuwigheid is een gamma modulaire en gestandaardiseerde opbergmeubelen die kunnen worden gecombineerd en op elkaar gestapeld. In 1964 worden de houten laden van de modules vervangen door laden in gemouleerd plastic. Meurop keert het houtfineer de rug toe ten voordele van gelaagd polyvinylchloride. De basismodellen blijven behouden, maar hun afwerking wordt aangepast. Ze zijn in verscheidene houtimitaties beschikbaar. De naam van het meubel verwijst naar zijn afmetingen en zijn samenstelling. Zo is commode 554 [fig.98] "5" decimeter breed, "5" decimeter hoog en bevat ze "4" laden.

In 1970 wordt het gamma aangevuld met ontwerpen van twaalf andere designers afkomstig uit vijf landen, onder wie Willy Van Der Meeren (p.92), Philippe Neerman (1930–2011) en Jean-Paul Emonds-Alt (1928–2014). Meurop is het eerste Belgische bedrijf dat op grote schaal inzet op plastic meubilair en investeert in onderzoek naar polymeren. De oliecrisis van 1973 luidt het einde in van de plastic droom van Meurop, dat in 1980 failliet gaat.

EN

The furniture manufacturer Meurop is founded in 1958, the year in which the Common Market comes into force and the famous Brussels World Fair takes place. This name Meurop is the contraction of "meubles" (furniture) and "Europe". Thanks to mass production, the company can offer quality design at attractive prices. In order to be able to operate directly on the market, Meurop develops its own distribution system, which covers Belgium, Luxembourg, the Netherlands, France and Germany.

Meurop calls upon the French designer Pierre Guariche (1926–1995) who renews the collection in December 1960. The chair *Coquillage* [fig.97] meets with great success. Available in a dozen colours, it consists of a shell in polypropylene on a metal base. Among the new features is a range of modular and standardised storage units that can be combined and stacked. In 1964, the wooden drawers of the modules are replaced by moulded plastic drawers. Meurop abandons wood veneer in favour of laminate polyvinyl chloride. The models are preserved, but their finish is adapted. They are available in several wood imitations. The name of the piece of furniture consists of its dimensions and composition. For example the commode *554* [fig.97] is "5" decimetres wide, "5" decimetres high and has "4" drawers.

In 1970, the range is completed by projects of twelve other designers from five countries, including Willy Van Der Meeren (p.92), Philippe Neerman (1930–2011) and Jean-Paul Emonds-Alt (1928–2014). Meurop is the first company in Belgium to focus on plastic furniture on a large scale and to invest in polymer research. The oil crisis of 1973 marks the end of Meurop's plastic dream, and the firm goes bankrupt in 1980.

[fig.100] Meubles de rangement/opbergmeublen/storage furniture Meurop (1969)
[fig.101] Mobilier/meubilair/furniture Meurop (1963)

PRODATA SYSTEMS 1990

OBLITÉRATEUR / ONTWAARDINGSTOESTEL / OBLITERATOR
POLYPROPYLÈNE / POLYPROPYLEEN / POLYPROPYLENE
1993

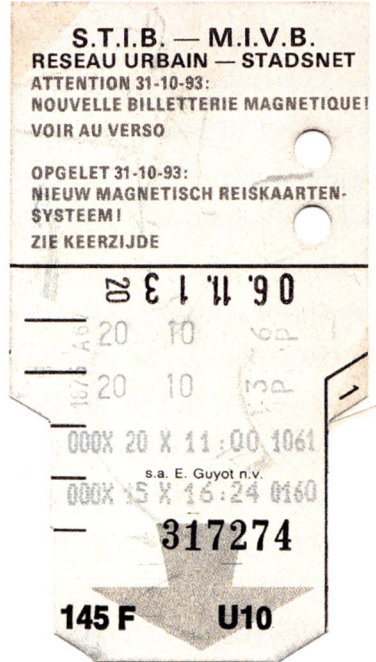

[103]

FR

En 1993, la STIB (Société des Transports Intercommunaux de Bruxelles, fondée en 1954) remplace ses oblitérateurs en acier gris métallisé par les boîtiers orange en polypropylène de la firme belge Prodata Systems. Excellent isolant électrique, ce type de polymère résiste à l'abrasion et aux chocs.

Les véhicules et les stations de la STIB mais aussi de la SNCB (Société Nationale des Chemins de fer Belges, fondée en 1926) sont équipés de ces appareils au cours de l'année. Une campagne pour promouvoir l'échange des anciennes cartes cartonnées contre les nouvelles, magnétiques, contribue au succès de ces nouveaux oblitérateurs. Il s'agit d'un spot télévisé montrant comment utiliser la nouvelle carte. Le système doit être simple d'utilisation et compatible avec les oblitérateurs magnétiques des deux autres sociétés belges de transport (TEC et De Lijn).

Chez TEC, ils sont verts, jaunes pour De Lijn et orange pour la STIB. Ces couleurs vives sont choisies pour être facilement repérables par tout un chacun.

Les boîtiers étant dorénavant placés à différents endroits du véhicule, on n'est désormais plus obligé de monter dans les transports en commun par le côté chauffeur.

NL

In 1993 vervangt de MIVB (Maatschappij voor Intercommunaal Vervoer te Brussel, opgericht in 1954) haar ontwaardingstoestellen in grijs gegalvaniseerd staal door de oranje bakjes in polypropyleen van de Belgische firma Prodata Systems. Dit soort polymeer is een uitstekend elektrisch isolatiemateriaal dat tevens kras- en schokbestendig is.

De voertuigen en de stations van de MIVB, maar ook die van de NMBS (Nationale Maatschappij der Belgische Spoorwegen, opgericht in 1926), worden in de loop van deze jaar uitgerust met deze apparaten. Een promotiecampagne om het inwisselen van de oude kartonnen rittenkaarten tegen de nieuwe met een magnetische strip te stimuleren, draagt bij tot het succes van deze nieuwe ontwaardingstoestellen. Het gaat om een televisiespot die toont hoe je de nieuwe kaart gebruikt. Het systeem moet eenvoudig in gebruik zijn en compatibel met de magnetische ontwaardingsautomaten van de twee andere Belgische transportmaatschappijen (De Lijn en TEC).

Bij De Lijn zijn ze geel en bij de TEC groen, terwijl de MIVB voor oranje opteert. Er wordt voor heldere kleuren gekozen om de automaten goed in het oog te laten springen. Daar de bakjes voortaan op verschillende plaatsen in het voertuig aangebracht worden, zijn de reizigers niet langer verplicht aan de kant van de chauffeur in te stappen.

EN

In 1993, STIB (Intercommunal Transport Company in Brussels, founded in 1954) replaces its grey metallic steel obliterators with orange polypropylene units from the Belgian firm Prodata Systems. This type of polymer, an excellent electrical insulator, resists to abrasion and shocks.

The vehicles and stations of STIB but also of the SNCB (Belgian National Railway Company, founded in 1926) are equipped with these devices during the year. A campaign to promote the exchange of the old carboard cards for the new magnetic cards contributes to the success of the new obliterators. It consists of a television spot which shows how to use the new card. The system has to be easy to use and compatible with the magnetic obliterators of the two other Belgian transport companies (TEC and De Lijn).

With TEC they are green and with De Lijn yellow, while STIB opts for orange. The bright colours are chosen to be easily visible to everyone. From now on the units are positioned at different places in the vehicle, so that the passengers are no longer obliged to board the public transport on the driver's side.

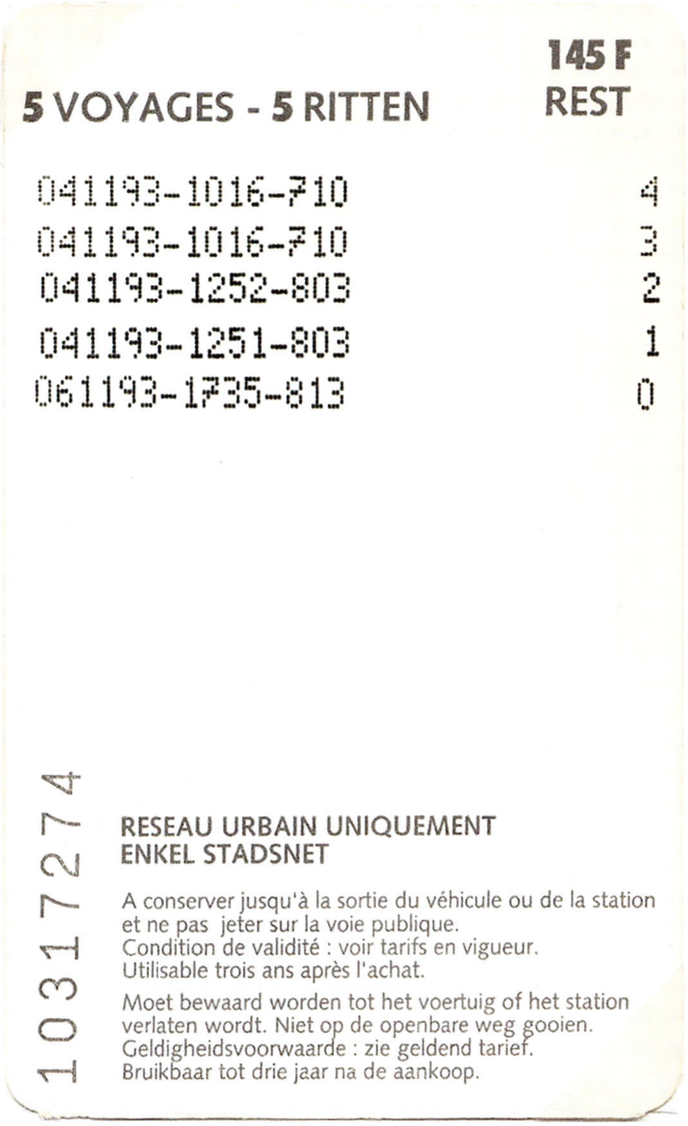

	145 F
5 VOYAGES - 5 RITTEN	**REST**

041193-1016-710	4
041193-1016-710	3
041193-1252-803	2
041193-1251-803	1
061193-1735-813	0

10317274

RESEAU URBAIN UNIQUEMENT
ENKEL STADSNET

A conserver jusqu'à la sortie du véhicule ou de la station et ne pas jeter sur la voie publique.
Condition de validité : voir tarifs en vigueur.
Utilisable trois ans après l'achat.

Moet bewaard worden tot het voertuig of het station verlaten wordt. Niet op de openbare weg gooien.
Geldigheidsvoorwaarde : zie geldend tarief.
Bruikbaar tot drie jaar na de aankoop.

[104]

[fig.103] Carte cartonnée
kartonnen rittenkaart/
cardboard card STIB (1993)

[fig.104] Carte magnétique/
magnetische kaart/
magnetic card STIB (1993)

LE DESIGN CENTRE
THE DESIGN CENTRE
HET DESIGN CENTRE

FR

En 1964, le Design Centre est inauguré dans la galerie Ravenstein à Bruxelles, avec le soutien du Service belge pour le Commerce extérieur. Le nouvel organisme est le fruit de l'ambition des institutions de design existantes qui ont vu le jour dès 1956 : l'Institut de Design industriel et le concours de design du Signe d'Or.

Inspiré par le succès du design italien, scandinave et allemand, le Design Centre a pour vocation de promouvoir le design par le biais de campagnes publicitaires savamment orchestrées. Pour ce faire, le Design Centre propose une exposition permanente de produits belges, réalise des expositions temporaires et organise des conférences et des concours. Portée par l'enthousiasme de sa directrice, Josine des Cressonnières, l'institution met l'accent sur la promotion du design industriel, rationnel et technique, en grande partie inspiré par la philosophie de l'éminente école de design d'Ulm, qui avait succédé au Bauhaus, après 1945, en Allemagne de l'Ouest.

Dans les années 1970, le discours sur le design prend une couleur ouvertement politique et l'accent moderniste du Design Centre est remis en question. La nouvelle pensée écologique et activiste n'y est pas étrangère. Le Design Centre tente d'intégrer ces nouveaux paradigmes en associant la promotion d'un design moderniste, motivée par des raisons économiques, à des expositions critiques sur le thème du mobilier urbain, des transports publics et du milieu de vie imaginé par les designers pour les enfants et les personnes âgées. En 1985, le décès de la cheville ouvrière du Design Centre, Josine des Cressonnières, marque la fin d'une époque et d'une institution. Après vingt-deux années de promotion du design, le Design Centre ferme ses portes dès l'année suivante.

NL

In 1964 wordt het Design Centre geopend in de Ravensteingalerij in Brussel, met de steun van de Belgische Dienst voor Buitenlandse Handel. De nieuwe organisatie is het resultaat van de ambities van de al bestaande designorganisaties die vanaf 1956 zijn opgericht: het Instituut voor Industriële Vormgeving en de designwedstrijd Het Gouden Kenteken.

Naar het voorbeeld van het befaamde Italiaanse, Scandinavische en Duitse design wil het Design Centre het Belgische design aanmoedigen via een zorgvuldig georkestreerde promotiecampagne. Daartoe richt het een permanente tentoonstelling in van Belgische producten, stelt het tijdelijke tentoonstellingen samen en organiseert het lezingen en wedstrijden. Met de legendarische directrice Josine des Cressonnières aan het roer, legt de organisatie de klemtoon op de promotie van industrieel, rationeel en technisch design, dat grotendeels is geïnspireerd op de filosofie van de prominente designschool in Ulm, de naoorlogse Bauhaus-opvolger in West-Duitsland.

In de jaren 1970 krijgt het designdiscours een openlijk politieke inslag en wordt de modernistische focus van het Design Centre ter discussie gesteld. De nieuwe ecologische en activistische denkrichting zit daar ongetwijfeld voor iets tussen. Het Design Centre probeert die nieuwe designparadigma's in te voeren. Het combineert de economisch gedreven promotie van modernistisch design met kritische tentoonstellingen over straatmeubilair, openbaar vervoer en de door de designers ontworpen omgeving voor kinderen en ouderen. In 1985 komt met het overlijden van directrice en drijvende kracht Josine des Cressonnières een einde aan een tijdperk. Na tweeëntwintig jaar designpromotie moet het Design Centre zijn deuren een jaar later sluiten.

EN

In 1964, the Design Centre is opened in the Galerie Ravenstein in Brussels with the support of the Belgian Foreign Trade Service. The new organisation is the result of the ambitions of the existing design organisations founded from 1956 onwards: the Institute for Industrial Design and the design competition of the Golden Signet.

Inspired by the success of Italian, Scandinavian and German design, the Design Centre aims to promote Belgian design through a carefully orchestrated promotional campaign. To that end, it establishes a permanent exhibition of Belgian products, organises temporary exhibitions and establishes lectures and competitions. With its legendary director, Josine des Cressonnières, at the helm, the institution focuses on the promotion of industrial, rational and technical design, predominantely inspired by the philosophy of the leading design school in Ulm, the post-war Bauhaus successor in West Germany.

In the 1970s the design discourse takes an openly political bias, and the modernist focus of the Design Centre is questioned, partly under the influence of the new ecological and activist line of thinking. The Design Centre tries to introduce those new design paradigms by combining the economically driven promotion of modernist design with critical exhibitions on street furniture, public transport and the environment for children and the elderly imagined by the designers. In 1985, the death of the director and driving force, Josine des Cressonnières, means the end of an era and after twenty-two years of design promotion the Design Centre closes its doors one year later.

[fig.105] Affiche/affiche/Poster *Mobilier sans frontières* (Michel Olyff, 1972)

[105]

JEAN-ANTOINE KEUP
CALENDRIER / KALENDER / CALENDAR
POLYSTYRÈNE CHOC / HOOGSLAGVAST POLYSTYREEN / HIGH-IMPACT POLYSTYRENE

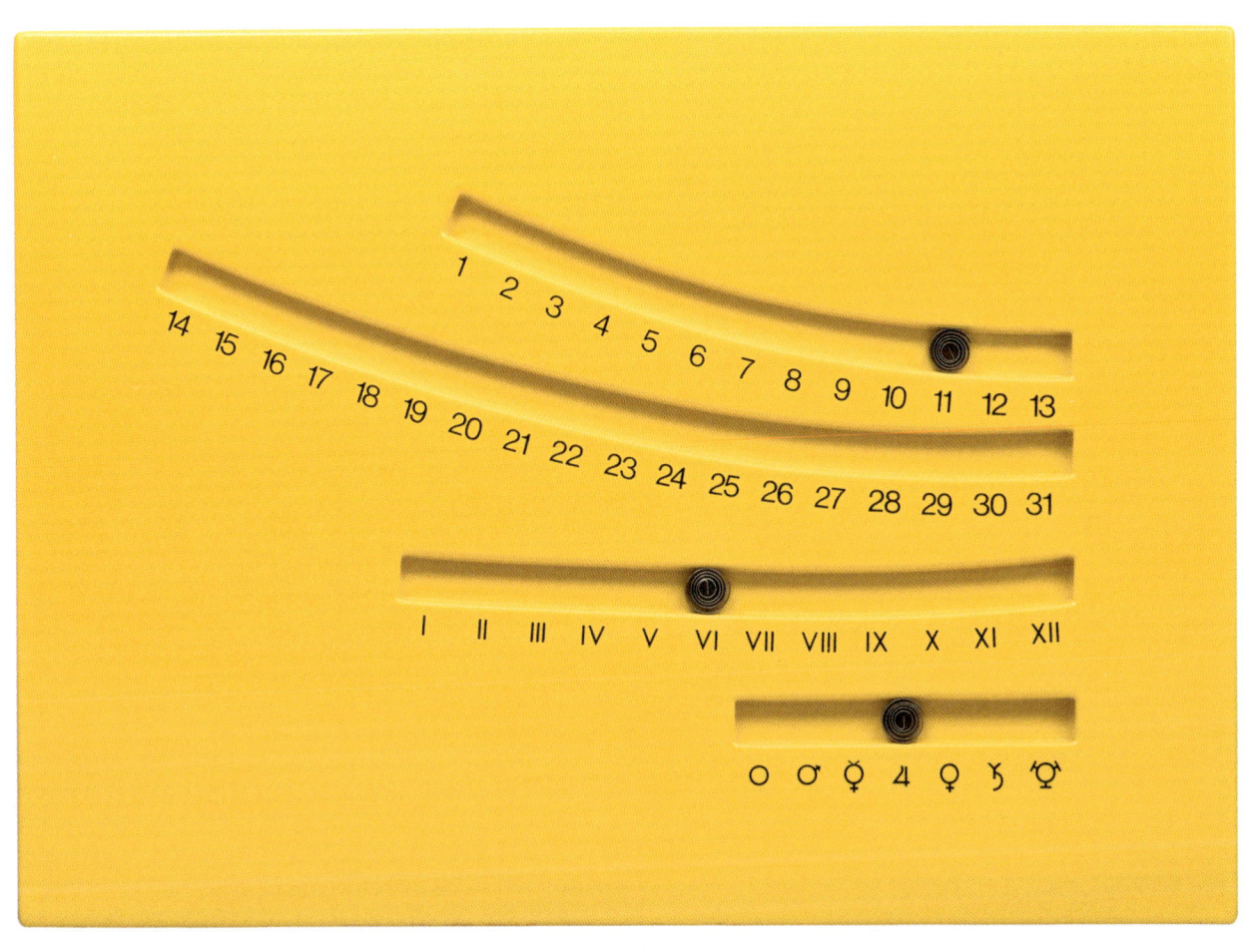

[107]

FR

Conçu par le designer Jean-Antoine Keup pour le fabricant bruxellois Op der Millen, ce calendrier perpétuel répond aux aspirations de créativité, de flexibilité et de modularité de la génération pop. En déplaçant de petits ressorts-curseurs à l'intérieur de quatre sillons, l'utilisateur associe librement les jours du mois (en chiffres arabes), les mois de l'année (en chiffres romains) et les jours de la semaine figurés par leurs symboles planétaires (par exemple : Mercure pour mercredi).

Ce modèle, proposé en divers formats et couleurs, exploite parfaitement les propriétés du polystyrène choc. Bon marché, résistant aux chocs comme son nom l'indique, il est facile à produire, à pigmenter et à mettre en forme. Il est donc particulièrement adapté au thermoformage.

Cet article fait partie d'une « gamme complète de calendriers muraux, constituant à la fois un décor mural animé, un jeu ou un cadeau », comme le stipule la notice promotionnelle éditée par le Design Centre (p.140) en octobre 1970 à l'occasion de son exposition *Le design dans les matières plastiques*.

NL

Deze eeuwigdurende kalender, ontworpen door designer Jean-Antoine Keup voor de Brusselse fabrikant Op der Millen, speelt in op de drang naar creativiteit, flexibiliteit en modulariteit van de popgeneratie. Door kleine schuifregelaars te verplaatsen binnen vier gleuven, kan men vrij de datum instellen: de dagen van de maand (in Arabische cijfers), de maanden van het jaar (in Romeinse cijfers) en de dagen van de week, weergegeven in de vorm van hun planetaire symbolen (bijvoorbeeld woensdag, Mercurius).

Dit in diverse kleuren en formaten beschikbare model maakt uitstekend gebruik van de eigenschappen van hoogslagvast polystyreen. Het materiaal is goedkoop, schokbestendig, makkelijk kleurbaar en eenvoudig te produceren en vorm te geven, en dus bijzonder geschikt voor thermovormen.

Deze kalender behoort tot een "compleet gamma wandkalenders die zowel een leuke wanddecoratie, een spel als een geschenk kunnen zijn", aldus de promotekst die het Design Centre (p.140) in oktober 1970 uitbrengt naar aanleiding van zijn tentoonstelling *Het design in kunststofmaterialen*.

EN

Designed by the designer Jean-Antoine Keup for the Brussels manufacturer Op der Millen, this perpetual calendar meets the aspirations of the pop generation for creativity, flexibility and modularity. By moving small spring-cursors within four grooves, the user can freely associate the days of the month (in Arabic numerals), the months of the year (in Roman numerals) and the days of the week in the form of their planetary symbols (e.g. Wednesday, Mercury).

This model, available in various colours and formats, makes full use of the properties of high-impact polystyrene. Inexpensive, shock-resistant, hence its name, easily pigmented, it is easy to produce and shape and therefore particularly suitable for thermoforming.

This article is part of a "complete range of wall calendars, which can serve as an animated wall decoration, a game or a gift", as stated in the promotional leaflet published by the Design Centre (p.140) in October 1970 at the time of its exhibition *Design in plastic materials*.

[108]

[fig.107] *40P* détail/detail/detail
[fig.108] *40P* Symboles planétaires/
planetaire symbolen/
planetary symbols

CHARLES DETHIER
LAMPE / LAMP / LAMP
POLYCHLORURE DE VINYLE / POLYVINYLCHLORIDE / POLYVINYL CHLORIDE

[110]

FR

Cette lampe sphérique du nom de *Ove* est créée par Charles Dethier pour Electromo, un fabricant bruxellois. Elle se compose de disques de formes hexagonales et pentagonales qui s'assemblent en coulissant les uns dans les autres grâce à un système d'encoches. Ces interstices servent à rigidifier la matière tout en laissant s'échapper la chaleur. Ils contribuent à l'esthétique spécifique de cette lampe en forme de fleur. Le polychlorure de vinyle utilisé ici, résiste à la lumière, à la chaleur et présente une odeur neutre ainsi que des qualités antistatiques. La lampe, conçue pour l'exportation, est fournie en pièces détachées devenant un puzzle ludique à réaliser soi-même [fig.111].

Ce luminaire fait partie des neuf productions belges récompensées par le Signe d'Or en 1968 (p.120). En janvier 1969, dans l'article pour *Belgian plastics: revue belge des matières synthétiques et élastomères* consacré, par Josine des Cressonnières, au design fabriqué avec des matières plastiques, l'administratrice-directrice du Design Centre choisit la lampe *Ove* comme exemple type du design industriel: «une méthode de conception des produits qui développe l'innovation et les solutions originales; qui découvre les valeurs fonctionnelles, l'adaptation des objets et des machines à l'homme, à sa psychologie, à ses goûts, à ses gestes [...] recherchant systématiquement l'économie en même temps que l'harmonie».

NL

Deze bolvormige lamp, *Ove* genaamd, is een creatie van Charles Dethier voor Electromo, een Brusselse fabrikant. Ze bestaat uit zeshoekige en vijfhoekige schijven die in elkaar schuiven via een systeem van inkepingen. Deze tussenruimten dienen om het materiaal te verstevigen en de warmte te laten ontsnappen. Ze dragen bij tot de specifieke esthetiek van deze bloemvormige lamp. Er wordt polyvinylchloride gebruikt omwille van zijn licht- en hittebestendigheid en van zijn neutrale geur en antistatische eigenschappen. De voor de export ontworpen lamp wordt geleverd in losse stukken, waardoor ze een leuke puzzel wordt om zelf in elkaar te steken [fig. 111].

Dit verlichtingstoestel maakt deel uit van de negen Belgische producties die in 1968 werden bekroond met het Gouden Kenteken (p.120). In januari 1969, in het artikel voor *Belgian plastics: belgisch tijdschrift voor kunststoffen en elastomeren* dat Josine des Cressonnières wijdt aan het design in plastic materialen, kiest de administrateur-directeur van het Design Centre de *Ove*-lamp als klassiek voorbeeld van het industrieel design: "een ontwerpmethode die innovatie en originele oplossingen aanmoedigt, die de functionele waarden ontdekt, naast de aanpassing van de objecten en de machines aan de mens, aan zijn psychologie, zijn smaak, zijn gebaren, [...], waarbij systematisch op zoek wordt gegaan naar spaarzaamheid in combinatie met harmonie."

EN

This spherical luminaire named *Ove* is created by Charles Dethier for Electromo, a Brussels manufacturer. It consists of hexagonal and pentagonal discs that slide into each other using a system of notches. These gaps serve to strengthen the material while allowing heat to escape. They contribute to the specific aesthetics of this flower-shaped lamp. Polyvinyl chloride is used for its resistance to light and to heat, for its neutral odour and antistatic qualities. The lamp, designed for export, is supplied in separate pieces, turning it into a fun do-it-yourself puzzle [fig.111].

This luminaire is one of the nine Belgian productions which are awarded the Golden Signet in 1968 (p.120). In January 1969, in the article for *Belgian plastics: revue belge des matières synthétiques et élastomères* (Belgian Review of Plastic Materials) devoted by Josine des Cressonnières to design made of plastic materials, the administrator-director of the Design Centre chooses the *Ove* lamp as a typical example of industrial design: "a product design method that develops innovation and original solutions; that discovers functional values, the adaptation of objects and machines to man, his psychology, his tastes, his gestures [...] systematically seeking to economise as well as to harmonize".

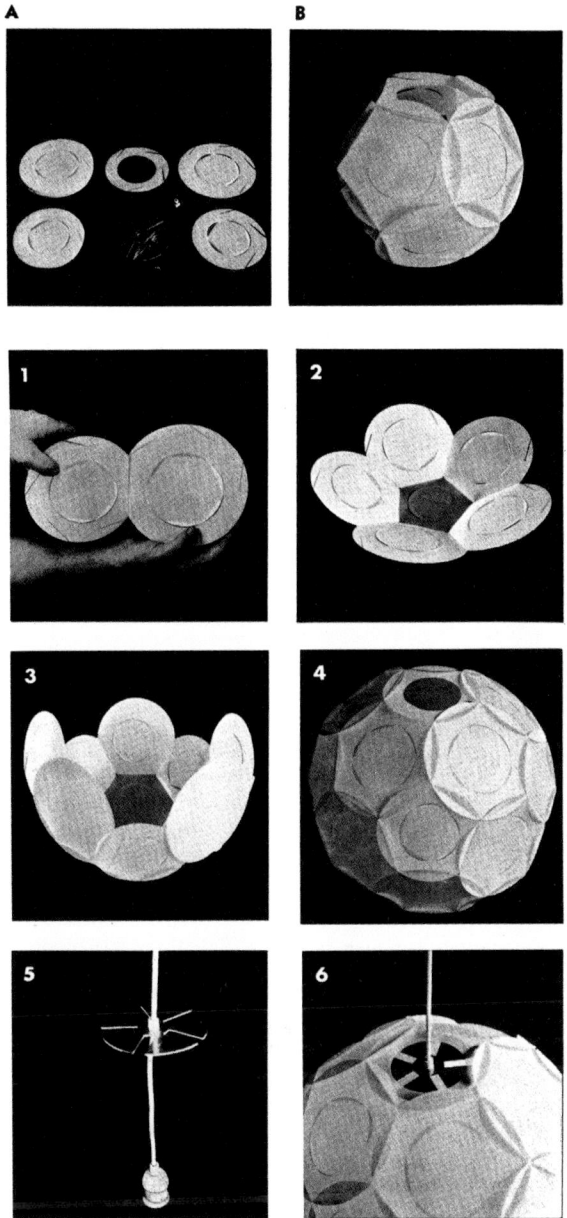

[111]

[fig.110] Ove 1 & Ove 2
[fig.111] Ove, notice de montage/
montagehandleiding/
assembly instructions

CRÉDITS PHOTOGRAPHIQUES

[1] Marcel-Louis Baugniet
Photo Andy Simon
© CFC-Éditions
[2] © coll. Civa Brussels
[3] Marcel-Louis Baugniet
© coll. Civa Brussels
[4] Id.
[5] Id.
[6] Renaat Braem
Photo Andy Simon
© CFC-Éditions
[7] © coll. Civa Brussels
[8] Renaat Braem
© coll. Civa Brussels
[9] Id.
[10] Id.
[11] Charles Catteau
Photo Andy Simon
© CFC-Éditions
[12] © coll. Archives de la Ville et du CPAS de La Louvière
[13] Photo & © Hughes Dubois, Don Claire De Pauw-Marcel Stal, coll. Charles Catteau, Fondation Roi Baudouin- Koning Boudewijnstichting, on deposit at Musées royaux d'Art et d'Histoire, Bruxelles
[14] © coll. Archives de la Ville et du CPAS de La Louvière
[15] Manufactures de Faïences de Keramis-Boch Frères, 1930, La Louvière. coll. du Bois-du-Luc, Musée de la Mine et du Développement Durable © SAICOM
[16] Nathalie Dewez Design Studio & Val Saint Lambert
Photo Andy Simon
© CFC-Éditions
[17] Photo Julie Liger
© Nathalie Dewez
[18] Nathalie Dewez Design Studio
Photo Stijn Bollaert
© Nathalie Dewez
[19] © Nathalie Dewez
[20] Nathalie Dewez Design Studio
Photo Julien Renault
© Nathalie Dewez
[21] Frida Graet-Burssens Verzameling affiches en drukwerk, Gent
© Vlaams Architectuurinstituut, collectie Vlaamse Gemeenschap
[22] Jacques Dupuis
Photo Andy Simon
© CFC Éditions
[23] Id.
[24] Photo R. Bastin
© Fonds Jacques Dupuis, Archives et Bibliothèques d'Architecture de l'ULB
[25] Jacques Dupuis
Photo Valère Dartevelle
© Fonds Jacques Dupuis, Archives et Bibliothèques d'Architecture de l'ULB
[26] Id.
[27] Jacques Dupuis
Photo Lanfrancq
© Fonds Jacques Dupuis, Archives et Bibliothèques d'Architecture de l'ULB
[28] Christophe Gevers
Photo Andy Simon
© CFC-Éditions
[29] Photo & ©
Jean-Pierre Gabriel
[30] Asko
© Design Museum Gent
[31] Christophe Gevers
Photo Carolien Pasmans
Fonds Exposition d'Osaka, participation belge, Archives de l'Etat
[32] Christophe Gevers
Design Centre
© Coll. Constantin Brodzki
[33] O'SUN
Photo Andy Simon
© CFC-Éditions
[34] Photo Piet-Albert Goethals
© Alain Gilles
[35] BuzziSpace
© Alain Gilles
[36] Bonaldo
© Alain Gilles
[37] © Alain Gilles
[38] Belform
Photo Andy Simon
© CFC-Éditions
[39] Mobilia Snekkersten Danmark
© Michel Marcy Archives
[40] © Archives Sabena/ Sabena Archief
[41] © Archives Belform
[42] Id.
[43] Robert Bonfils
Reproduction
Cyrille Bernard
© MAD Paris,
Cyrille Bernard
[44] Huib Hoste
Photo Andy Simon
© CFC-Éditions
[45] © CIVA Brussels
[46] Huib Hoste
© CIVA Brussels
[47] Id.
[48] Id.
[49] Driade
Photo Andy Simon
© CFC-Éditions
[50] Photo Diego Franssens
© Xavier Lust
[51] MDF Italia
Photo Frederik Vercruyse
© Xavier Lust
[52] Extremis
Photo Lode Saïdane
© Xavier Lust
[53] Marzoratti-Ronchetti
Photo Alexandre Van Battel
© Xavier Lust
[54] Muller Van Severen for valerie_objects
Photo Andy Simon
© CFC-Éditions
[55] Photo Mirjam Devriendt
© Muller Van Severen for valerie_objects
[56] © Muller Van Severen for valerie_objects
[57] Id.
[58] Id.
[59] Serrurier et Cie
Photo Andy Simon
© CFC-Éditions
[60] © Centre Serrurier-Bovy, Liège
[61] Id.
[62] Id.
[63] Serrurier et Cie
Photo Philippe de Gobert
© coll. Province de Hainaut
CID au Grand-Hornu
[64] Loral & Elsmoortel
Photo Andy Simon
© CFC-Éditions
[65] © Vlaams Architectuurinstituut, coll. Vlaamse Gemeenschap Archief Léon Stynen
[66] Id.
[67] Léon Stynen, Paul De Meyer, Joseph Reusens
Photo Les Frères Haine
© Vlaams Architectuurinstituut, coll. Vlaamse Gemeenschap, Archief Léon Stynen
[68] Léon Stynen, Paul De Meyer, Joseph Reusens
Photo Pierre Tombeur
© Vlaams Architectuurinstituut, coll. Vlaamse Gemeenschap, Archief Léon Stynen
[69] Lucien De Roeck
© Fonds Lucien De Roeck, 2021
[70] Tubax
Photo Andy Simon
© CFC-Éditions
[71] © Willy Van Der Meeren Archives
[72] Id.
[73] Id.
[74] Id.
[75] Kartell
Photo Andy Simon
© CFC-Éditions
[76] Photo Stefanie Everaert
© The Maarten Van Severen Foundation
[77] © The Maarten Van Severen Foundation
[78] Vitra
Photo Fien Muller
© The Maarten Van Severen Foundation
[79] Vitra
Photo Fien Muller
© The Maarten Van Severen Foundation
[80] Jules Wabbes
Photo Andy Simon
© CFC-Éditions
[81] Id.
[82] Id.
[83] Photo Gian Sinigaglia, Milan
© Jules Wabbes Archives, coll. Paquay-Wabbes
[84] Jules Wabbes
© Jules Wabbes archives, coll. Paquay-Wabbes
[85] Jules Wabbes
Photo André Constant
© Jules Wabbes Archives, coll. Paquay-Wabbes
[86] Jules Wabbes
Photo Henri Kessels
© Jules Wabbes Archives, coll. Paquay-Wabbes
[87] Established & sons
Photo Andy Simon
© CFC-Éditions
[88] © Sylvain Willenz Design Office
[89] Id.
[90] Id.
[91] Id.
[92] © Archives des Cressonnières
[93] ACEC
Photo Andy Simon
© CFC-Éditions
[94] Nova
Photo Andy Simon
© CFC-Éditions
[95] Nova Archives
© Centrum Agrarische Geschiedenis
[96] Id.
[97] Meurop
Photo Andy Simon
© CFC-Éditions
[98] Id.
[99] Id.
[100] Meurop Archives
© Nicolas Anthoine
[101] Id.
[102] Prodata Systems
Photo Andy Simon
© CFC-Éditions
[103] STIB Archives
© Marcel Albrecht
[104] Id.
[105] Design Centre Archives
© Michel Olyff
[106] Op der Millen
Photo Andy Simon
© CFC-Éditions
[107] Id.
[108] © CFC-Éditions
[109] Electromo
Photo Andy Simon
© CFC-Éditions
[110] Ove Archives
© Charles Dethier
[111] Id.

Les objets/objecten/objects [1], [6], [11], [22], [23], [28], [38], [44], [59], [64], [70], [80], [81] & [82] appartiennent à la Fondation Roi Baudoin et sont mis en dépôt et présentés au Design Museum Brussels./zijn eigendom van de Koning Boudewijnstichting en worden in bewaring gegeven en tentoongesteld in het Design Museum Brussels./belong to the King Baudoin Foundation and are deposited and presented at the Design Museum Brussels.

RÉFÉRENCES BIBLIOGRAPHIQUES

Avermaete T., Bertels I., De Caigny S., Decroos B., Floré F., *Léon Stynen: A Life of Architecture 1899–1990*, Antwerpen, VAI, 2018.

Berckmans C., Bernard P., Walazyk A-S., *Le modernisme ludique en Belgique/Het ludieke modernisme in België/Ludic Modernism in Belgium*, Bruxelles, Éditions de l'Atomium, 2009.

Braeken J., Bertels J., *Renaat Braem architect: 1910–2001*, Brussel, ASA Publishers, 2010.

Burkhardt F., Bekaert L., *Design: made in Belgium, 1900-1994*, Kortrijk, Stichting/Fondation intérieur, 1994.

Ceulemans H., *Belgium's Best Design*, Antwerp, Luster, 2013.

Cohen M., Thomaes J., *Le Parador: une maison de Jacques Dupuis*, Bruxelles, CFC-Éditions, 1999.

Cohen M., Thomaes J., *Jacques Dupuis l'architecte*, Bruxelles, La Lettre volée, 2000.

Coirier L., *Design en Belgique, 1945-2000/Design in Belgium, 1945-2000/Design in België, 1945-2000*, Bruxelles, Racine, 2004.

Coirier L., Valcke J., *Label-Design.be: Design in Belgium after 2000*. Oostkamp, Stichting Kunstboek, 2005.

Collectif, *Boch frères S.A., 1841-1966*, Gembloux, Duculot, 1966.

Collectif, *Made in Belgium: Design Book*. Bruxelles, Fondation pour les Arts à Bruxelles/Stichting voor de Kunsten te Brussel, 2001.

Debauque M., *La création et les débuts de la Faïencerie Boch Frères*, s.l, s.n., 1966.

Defour F., *L'art du meuble en Belgique au 20ᵉ siècle: de Horta à nos jours*, Tielt, Lannoo, 1979.

De Kooning M., Kunstcentrum deSingel. *Willy Van Der Meeren, Laat 20ˢᵗᵉ eeuws genootschap*, BE, 1993.

De Kooning M. et al., *Hedendaags design: Alfred Hendrickx en het fifties-meubel in België*, Gent, Vakgroep Architectuur en Stedenbouw, Rijksuniversiteit te Gent, 2000.

De Kooning M., Bekaert G., *Lucien Engels: Architecture Art Design/ Architectuur Kunst Design*, Gent, WZW Editions & Productions, Department of Architecture and Urban Planning, 2009.

Dormer P., *Le design depuis 1945*, Paris, Thames & Hudson, 1993.

Dypréau J., Langui E., Baugniet M-L., *Marcel-Louis Baugniet*, Bruxelles, Lebeer-Hossmann, 1980.

Ferran-Wabbes M. & Strauven I. (dir.), *Jules Wabbes Furniture Designer*, Brussels, A+ Editions & Bozar Books, 2012.

Fierens P., *Marcel Baugniet*, Bruxelles, Éditions Marion, 1986.

Guidot R., *Histoire du design: 1940 à nos jours*, Paris, Hazan, 2014.

Leblanc C., *Art nouveau & design: les arts décoratifs de 1830 à l'Expo 58*, Bruxelles, Racine-Lannoo, 2005.

Loze P., Aughuet T., *Christophe Gevers designer*, Bruxelles, Éditions Laconti, 2008.

Philippe J., *Le Val-Saint-Lambert: ses cristalleries et l'art du verre en Belgique* (2ᵉ édition), Liège, Halbart, 1974.

Strauven F., *René Braem: les aventures dialectiques d'un moderniste flamand/the dialectical adventures of a flemish modernist*, Bruxelles, Archives d'architecture moderne, 1985.

Pirlot A.M., *Bruxelles et ses cafés*, Bruxelles, Ministère de la Région de Bruxelles-Capitale, Direction des Monuments et des Sites, 2009.

Serulus K. & Gimeno Martinez J. (dir.), *Panorama: The History of Modern Design in Belgium*, Bruxelles, CFC-Éditions, 2017. Source pour/bibliografische bron voor/bibliographic source for *Exposition internationale des Arts décoratifs et industriel modernes/Internationale Tentoonstelling van Moderne Decoratieve en Industriële Kunst/International Exhibition of Modern Decorative and Industrial Arts*.

Serulus K., *Design and Politics. The Public Promotion of Industrial Design in Postwar Belgium (1950-1986)*, Leuven University Press, 2018. Source pour/bibliografische bron voor/bibliographic source for *Le Signe d'Or/Het Gouden Kenteken/The Golden Signet & Le Design Centre/Het Design Centre/The Design Centre*.

PRESSE ET ARTICLES SCIENTIFIQUES

Baugniet Marcel-Louis (1896–1955), AAM Éditions, s.d.,1-18 https://www.aam-editions.com wp-content/uploads/2014/11/Baugniet-Marcel-Louis.pdf

Les ACEC: l'évolution d'une grande entreprise industrielle belge, Courrier hebdomadaire du CRISP, 1980 n°3-4, p.1-46 https://www.cairn.info/revue-courrier-hebdomadaire-du-crisp-1980-3-page-1.htm?contenu=article

Bogaerts A., *Muller Van Severen sur leur agenda 2020: «c'est un rêve qui se réalise»*, in L'écho, 04.05.2020

Coljon C., *Christophe Gevers, artiste et constructeur d'espaces*, in Le Soir, 05.03.2009

Couvreur D., *Architecture Willy Van Der Meeren, «Furniture design» à l'Atomium: le maximum du minimum*, in Le Soir, 01.10.2007

De Vos E., *Living with High-Rise Modernity: The Modernist Kiel Housing Estate of Renaat Braem, A Catalyst to a Socialist Modern Way of Life?*, Home Cultures, vol. 7, iss. 2, p.135-158, 2010. DOI: 10.2752/175174210X12663437526098

Duplat G., *Il invente le meuble Spirou*, in La Libre Belgique, 09.10.2007

Folville X., *Gustave Serrurier-Bovy, architecte, commerçant et industriel*, Rencontres Art nouveau et écologie, Milan, 19.11.2011, p.1-12 https://orbi.uliege.be/bitstream/2268/188953/1/Milano_Xavier_Folville_Serrurier-Bovy.pdf

Gimeno-Martínez J., *Redefining Social Design in 1970s Belgium: Affordable Design vs. Elite Design*, Interiors, vol. 2, iss.2, p.149-167, 2011. DOI: 10.2752/204191211X13070211134501

Heyvaert H., *Le cas des Cristalleries du Val Saint Lambert*. In Kumps A.-M., Grand-Jean P., Wtterwulghe R. (Eds), *Entreprises en difficulté et initiative publique*. Presses de l'Université Saint-Louis, 1978. DOI: 10.4000/books.pusl.9047.

Mascia É., *Alain Gilles, Le créatif reconverti*, in DÉCO idées, 10.01.2018

Portugaels L., *Les Serrurier-Bovy, une histoire liégeoise*, in La Libre Belgique, 13.10.2008

INTERNET

alaingilles.com
(Alain Gilles The Studio)
cid-grand-hornu.be
(Centre d'innovation et de design, au Grand-Hornu)
cristaldiscovery.be
(Val Saint Lambert Museum)
designmuseumgent.be
(Design Museum Gent)
gar.archi
(Groupe d'ateliers de recherche, faculté d'architecture ULG)
inventaris.onroerenderfgoed.be
(Onroerend Erfgoed Vlaanderen)
jacquesdupuis.be
(Jacques Dupuis)

jules-wabbes.com
(Jules Wabbes-General Decoration)
kartell.com
(Kartell)
keramis.be
(Centre de céramique de La Louvière)
nathaliedewez.com
(Nathalie Dewez Design Studio)
ligneroset.com
(Ligne Roset)
maartenvanseveren.be
(The Maarten Van Severen Foundation)
mdfitalia.com
(MDF Italia)
meurop-reboot.be
(Meurop)

monument.heritage.brussels
(Inventaire du patrimoine architectural à Bruxelles)
mullervanseveren.be
(Muller Van Severen)
felixart.org
(Museum Felix De Boeck)
patrimoine-frb.be
(Fondation Roi Baudouin)
royalboch.com
(faïencerie Royal Boch)
spw.wallonie.be
(Inventaire du patrimoine immobilier culturel en Wallonie)
sylvainwillenz.com
(Sylvain Willenz Design Office)
vai.be
(Vlaams Architectuur Instituut)

valerie-objects.com
(valerie_objects)
valerietraan.be
(valerie_traan gallery)
val-saint-lambert.com
(Cristallerie du Val Saint Lambert)
vitra.com
(Vitra)
wbdm.be
(Wallonie Bruxelles Design Mode)
xavierlust.com
(Xavier Lust Design Studio)

COLOPHON

Ce livre est publié dans le cadre de l'exposition permanente *Belgisch Design Belge* présentée au Design Museum Brussels.

Dit boek begeleidt de permanente tentoonstelling *Belgisch Design Belge*, die loopt in het Design Museum Brussels.

This book is published in the context of the permanent exhibition *Belgisch Design Belge* taking place at the Design Museum Brussels.

Cette première édition de l'exposition *Belgisch Design Belge* a pu être réalisée grâce au soutien de la Fondation Roi Baudouin: son équipe Patrimoine et Culture et le Fonds Léon Courtin-Marcelle Bouché.

Deze eerste editie van de tentoonstelling *Belgisch Design Belge* werd mogelijk gemaakt dankzij de steun van de Koning Boudewijnstichting: het erfgoed- en cultuurteam en het Léon Courtin-Marcelle Bouché Fonds.

This first edition of the exhibition *Belgisch Design Belge* was made possible thanks to the support of the King Baudouin Foundation: its Heritage and Culture team and the Léon Courtin-Marcelle Bouché Fund.

Direction éditoriale
Redacteurschap
Editorial direction
    Christine De Naeyer

Coordination & suivi éditorial
Coördinatie & opvolging publicaties
Coordination & editorial work
    Arnaud Bozzini (Brussels Design Museum)
    Thomas Keukens (CFC-Éditions)

Textes rédigés par/teksten van/texts written by
    L'équipe du Design Museum Brussels/het team van het Design Museum Brussels/Design Museum Brussels' staff.

Relecture
Herlezing
Proofreading
    Michel Keukens
    Erik Tack

Mise en page
Grafische vormgeving
Graphic Design
    Geoffrey Bourgeois

Impression
Druk
Printing
    Graphius

Design Museum Brussels
Place de Belgique 1 Belgiëplein
1020 Bruxelles/Brussel/Brussels
www.designmuseum.brussels

CFC-Éditions
Place des Martyrs 14 Martelarenplein
1000 Bruxelles/Brussel/Brussels
www.maisoncfc.be

ISBN: 978-2-87572-068-9
Dépôt légal
Wettelijk depot
Copyright Registration
    D/2021/5165/7

Nous tenons à exprimer notre gratitude à toutes les personnes qui ont contribué à la réalisation de cet ouvrage et à l'exposition, et particulièrement:

Onze dank gaat uit naar alle personen die hebben bijgedragen tot de realisatie van dit boek en de tentoonstelling, en in het bijzonder naar:

We would like to express our gratitude to all the people who have contributed to the creation of this book and the exhibition, and particularly to:

Bois du Luc MMDD (Vanessa Bebronne); Centre Serrurier-Bovy (Xavier Folville); Centrum Agrarische Geschiedenis (Diantha Osseweijer); CID Grand Hornu (David Marchal, Marie Pok); CIVA Brussels (Anne-Marie Pirlot); Design Museum Gent (Eva Vanregenmortel); Fondation Lucien De Roeck (Jean-Michel Meyers); Fonds Jacques Dupuis (Maurizio Cohen); Fondation Roi Baudouin (Anne De Breuck, Anne-Sophie Doms); Musée des Arts décoratifs, Paris (Eve Briend, Marie Dion); SAICOM (Isabelle Sirjacobs); Société des éditions Pierre Guariche (Hervé Guariche, Jean-Marc Villiers); Maarten Van Severen Foundation (Marij De Brabandere); Ville et CPAS de La Louvière (Thierry Delplancq); valerie_objects (Stéphanie Rosseel); Vlaams Architectuurinstituut (Wim Luickx, Katarina Serulus, Kaat Verdickt); Marcel Albrecht; Nicolas Anthoine; Thierry Belenger; Géraldine Des Cressonnières; Nathalie Dewez; Emmanuelle Dupuis; Marie Ferran-Wabbes; Nathalie Gevers; Jean-Pierre Gabriel; Alain Gilles; Aurélien Jeauneau; Xavier Lust; Michel Marcy; Fien Muller; Michel Olyff; Marine Rodrigues; Hannes Van Severen; André Waedemon; Sylvain Willenz.

CFC-Éditions et le Design Museum Brussels remercient chaleureusement les designers, les artistes, les firmes, les collections et institutions qui les ont autorisés à reproduire les œuvres et objets. Cependant, malgré des recherches avérées et sérieuses, les titulaires de droits de certaines reproductions/œuvres n'ont pu être identifiés ou retrouvés. Nous invitons donc ces titulaires ou les ayants droits à se manifester en prenant contact avec l'éditeur.

CFC-Éditions en het Design Museum Brussels danken van harte de designers, kunstenaars, bedrijven, collecties en instellingen die hun toestemming gaven om werken te reproduceren. Nochtans konden we, ondanks gedocumenteerd en ernstig onderzoek, enkele rechthebbenden van een aantal reproducties/werken niet vinden of identificeren. We nodigen die rechthebbenden, dan ook uit om contact op te nemen met de uitgever.

CFC-Éditions and the Design Museum Brussels would like to express their warmest gratitude to all the designers, artists, companies, collections and institutions for their authorisation to reproduce the works in these pages. However, despite a due diligence search to identify the right holders of certain reproductions/works, these right holders could not be identified or located. We therefore invite these right holders or beneficiaries to manifest themselves by contacting the publisher.

Dans la mesure où ils ont pu être identifiés, les noms des artistes, affiliés auprès d'une société de droit d'auteur sont repris ci-après:

Dit zijn, voor zover ze konden worden geïndentificeerd, de namen van de kunstenaars die bij een auteursrechtenvereniging zijn aangesloten:

The names of the artists affiliated to a copyright management company, as far as it has been possible to identify them, are listed below:

Marcel-Louis Baugniet © SABAM Belgium, 2021; Xavier Lust © SABAM Belgium, 2021; Léon Stynen © SABAM Belgium, 2021; Maarten Van Severen © SABAM Belgium, 2021; Jules Wabbes © SOFAM Belgium, 2021.

Ce livre est un titre de la collection *Design Museum Brussels* de CFC-Éditions, éditée avec le soutien de la Commission communautaire française, Bruxelles.

Dit boek is een titel van de collectie *Design Museum Brussels* van CFC-Éditions, uitgegeven met de steun van de Commission communautaire française, Brussel.

This book is part of the *Design Museum Brussels* collection of CFC-Éditions, published with the support of the Commission communautaire française, Brussels.